LA VRAIE MORALE SE MOQUE DE LA MORALE

Du même auteur

Économistes en désordre
en collaboration avec Bernard Bobe
Économica, 1981

Les entreprises ont-elles une âme ?
François Bourin, 1990

Le Capital-Lettres
prix Costa de Beauregard, 1991
François Bourin, 1990

La Valse des éthiques
prix Médicis essai, 1991
François Bourin, 1991

La Démocratie malade du mensonge
grand prix de l'essai de l'Académie française
grand prix de l'Académie de Dijon
François Bourin, 1993

Le Temps des responsables
Julliard, 1993

Le Pouvoir des mots
Dictionnaire critique de l'entreprise contemporaine
Dunod, 1994

Le Corrupteur et le Corrompu
Julliard, 1995

Fables intempestives
Stock, 1996

La Nature de Sophie
Arléa, 1997

Des libertés sous influence
Seuil, 1997

ALAIN ETCHEGOYEN

LA VRAIE MORALE SE MOQUE DE LA MORALE

Être responsable

ÉDITIONS DU SEUIL
*27, rue Jacob, Paris VIe*

ISBN 2-02-37134-0

pour mes futurs petits-enfants

Il n'y a pas d'ascension sans pesanteur.

Antoine de Saint-Exupéry

J'ai l'esprit plein d'inquiétude ;
je suis plein d'inquiétude vaut mieux.

Blaise Pascal

Avertissement

Ce texte se propose de montrer l'émergence d'un nouveau principe moral, le principe de responsabilité qui caractérise notre époque. Cette émergence est à la fois favorisée par l'essor même du mot responsabilité et parasité par ses usages les plus juridiques et ceux qui s'en déduisent.

Ce livre a pu être écrit grâce à la collaboration de Marie-Anne Bernard qui avait déjà édité *Le Temps des responsables* en 1993.

Prologue

Il changeait la vie

C'était un cordonnier, sans rien d'particulier
Dans un village dont le nom m'a échappé
Qui faisait des souliers si jolis, si légers
Que nos vies semblaient un peu moins lourdes à porter

Il y mettait du temps, du talent et du cœur
Ainsi passait sa vie au milieu de nos heures
Et loin des beaux discours, des grandes théories
A sa tâche, chaque jour, on pouvait dire de lui
Il changeait la vie

C'était un professeur, un simple professeur
Qui pensait que savoir était un grand trésor
Que tous les moins que rien n'avaient pour s'en sortir
Que l'école et le droit qu'a chacun de s'instruire

Il y mettait du temps, du talent et du cœur
Ainsi passait sa vie au milieu de nos heures
Et loin des beaux discours, des grandes théories
A sa tâche chaque jour, on pouvait dire de lui
Il changeait la vie

C'était un petit bonhomme, rien qu'un tout petit bonhomme
Malhabile et rêveur, un peu loupé en somme
Se croyait inutile, banni des autres hommes
Il pleurait sur son saxophone

Il y mit tant de temps, de larmes et de douleur
Les rêves de sa vie, les prisons de son cœur
Et loin des beaux discours, des grandes théories
Inspiré jour après jour de son souffle et de ses cris
Il changeait la vie

Jean-Jacques Goldman

Intermède

Qu'on me pardonne les quelques textes gastronomiques et culinaires qui émaillent mes analyses. C'est plus un tropisme personnel qu'une métaphore. Je vis et vois, dans ces actes de cuisiner et de manger, l'essentiel des comportements humains. On peut faire la morale comme on fait la cuisine, mais je fais plus la cuisine que la morale. Quotidiennement.

« *Je ferais trop d'honneur à mon sujet si je le traitais avec ordre puisque je veux montrer qu'il en est incapable* » (Pascal).

J'ai l'esprit d'un père nourricier. J'ai toujours voulu nourrir les miens, du nourrisson à l'adulte, du biberon à la blanquette de veau, en passant par les purées de l'enfant, pleines d'artichauts, d'épinards ou de cerfeuil. Et tous ces potages d'hiver : l'un préférait le jaune, l'autre le rouge, l'autre enfin le vert. Je traduisais : poireau, muscade, cresson. Je vis sans doute trop ma tâche éducative comme un acte de restauration toujours recommencé. Et, quand je pense à la morale, je pense à la cuisine. Quand je pense à la vraie morale qui se moque de la morale, je pense à la vraie cuisine qui se moque de la cuisine.

Boire et manger se disent du corps comme de l'esprit. On y peut prendre du plaisir comme de la peine, ou rester seulement indifférent. Mais il y a des choses qui ne se font pas. Des mariages de saveurs qui sont des ruptures ou des divorces. De grandes amours aussi.

Je cuisine aussi pour la femme que j'aime. Surtout pour elle, peut-être. Je ne saurais faire autrement. L'amour aime être servi comme servir. A table, je ne saurais être servi. Les plaisirs se découvrent tous ensemble. Je n'en connais qui ne passent par quelque contrainte. La cuisine en est un beau symptôme. Toutes les vertus s'y retrouvent, mélangées, touillées. La responsabilité en est une émulsion.

On n'y peut faire n'importe quoi. La fin est plaisir, la facture est plaisir. Mais non l'arbitraire. Les règles ne sont pas écrites.

Quel bon cuisinier travaille pour soi seul ? Isolé, un sandwich me suffit bien. On cuisine toujours pour l'autre. On attend la réaction de l'autre, son avis, son goût, ses sensations, sa jouissance. La déception du cuisinier n'existe pas : c'est toujours celle d'une autre moue, sceptique ou rétive.

Un jour, de la femme que j'aime, je sais qu'elle goûte particulièrement le sucré-salé. Je lui prépare un plat qu'il m'est agréable de voir évoluer dans la sauteuse. Des côtes premières d'un tendre agneau du Limousin, j'extrais avec précision une belle et longue noisette, débarrassée de son gras. J'ai depuis plusieurs minutes fait revenir des oignons de Roscoff dans une abondance de beurre et de sucre, saupoudrée d'un poivre goûteux et broyé. Les oignons se caramélisent. Déposés ensuite, les rondins d'agneau s'imprègnent de leur suc. Je les recouvre de cette confiture chaude. Les assiettes sont devenues énigmatiques. Sous la confiture, quelle viande macère donc ? Elle devine. Je l'aimerai plus qu'avant, et immédiatement après, beaucoup mieux.

Quel rapport avec la morale ? Quels rapports avec la responsabilité ?

Pardonnez-moi, je mélange, comme dans la cuisine. Le sucré et le salé. Le plaisir, le devoir et la joie. J'apprécie toujours ce mot de Leibniz : *ingrédient.* Je le reprends d'ailleurs trop dans mes textes. Le rôle principal du professeur de philosophie : analyser les ingrédients d'un concept. Quand je ne cuisine pas, j'analyse les ingrédients : Chapel ou Savoy offrent-ils une petite merveille, j'essaie de retrouver les ingrédients pour ensuite cuisiner, comme père, comme amant ou comme hôte. Je procède par papilles et par questions – comment la langue pourrait-elle être la pire des choses ? Elle est toujours la meilleure, pour la parole, pour l'amour et pour la cuisine...

Quand, avec mes collègues, nous emmenons nos étudiants en stage à la campagne, nous tenons à ce qu'ils fassent toute la cuisine pour quatre-vingts personnes. Seul un syndicaliste chagrin voudrait que nous fussions servis et nourris dans l'hôtel-restaurant de La Gare ou de La Poste. Cet exercice est en fait une véritable épreuve. Plaisante épreuve. Certes, j'assure l'approvisionnement par crainte des conserves, des surgelés et d'autres déterminations sociales... Quand, à tour de rôle, par équipes de six, ils assument tout le travail d'un repas, nous pouvons, mes collègues et moi, évaluer leur talent mais surtout leur sens de la responsabilité : dans l'organisation, dans l'ordre des opérations, dans la qualité des plats, dans le rythme du service, dans l'entretien d'un feu de bois, dans le servir et le desservir, nous voyons et questionnons nos étudiants sous un angle nouveau : le beurre salé va-t-il fondre au cœur de ces pommes de terre sous la cendre ? La cuisson de ces entrecôtes va-t-elle être adaptée au goût de chacun ? Comment ont-ils accommodé les restes ? L'équipe de cuisine ne fonctionne que si un leader s'impose : c'est une banalité. Il n'est pas désigné. Nous attendons qu'il s'impose. L'évaluation est simple : elle tient dans le plaisir qu'ont pris les convives au repas. Les exercices scolaires sont plus silencieux sur cette vertu.

La cuisine est presque un idéal : si l'on pouvait toujours procurer du plaisir à autrui… Mais des plats sont ratés, des produits sont imparfaits, certains arrivent trop tièdes, d'autres trop salés. Les recettes ne servent à rien. La cuisine est une activité humaine : elle va toujours de l'un à l'autre et de l'autre à l'un. L'un sert, l'autre commente. L'un objecte ou acquiesce. L'autre répond ou corrige. Ces plaisirs ne sont pas silencieux.

La *parole*, la *réponse*, l'*acte*, de *l'un à l'autre*. Je vais maintenant pouvoir commencer.

1. Introduction

Il me faut bien partir de quelque part pour aller ailleurs, sans aller n'importe où. Je ne peux partir de n'importe où pour aller quelque part. J'ai le choix entre deux commencements : l'un est théorique, l'autre est empirique. L'un me vient de l'histoire de la philosophie, l'autre de débats toujours recommencés. L'un de l'autorité, l'autre de l'altérité. L'un d'un corpus, l'autre des corps. L'un de la pensée, l'autre de l'observation. J'opte pour l'autre.

Depuis que j'ai publié *Le Temps des responsables* (1993), j'ai participé à environ deux cents débats sur la responsabilité. Deux cents publics, d'entreprises, de lycéens, d'infirmières, de médecins, d'éducateurs, d'agents publics, d'avocats, d'enseignants, d'agriculteurs, de journalistes, de francs-maçons, de catholiques, de protestants, d'élus, en somme d'hommes et de femmes, avec leurs métiers, leurs engagements et leurs familles. Deux ou trois mille questions pour me dire l'incomplétude de mon propos. Deux ou trois mille questions pour forcer la réflexion. Deux ou trois mille questions pour aller plus loin. Deux ou trois mille questions pour confirmer en même temps l'omniprésence du principe de responsabilité. Deux ou trois mille occasions de développer, d'approfondir et finalement d'écrire.

Je ne dirai jamais assez l'intérêt des interpellations ou des indignations. Mais c'est au moment où, dans chaque débat, les questions devenaient trop prévisibles, qu'il m'a semblé nécessaire d'exploiter – au sens minier ou pétrolier – l'intelligence et les questions de tous.

Qu'ils soient d'abord remerciés pour leur intérêt comme pour leurs soucis, tous ceux qui m'ont écouté puis interrogé. Ce livre doit très peu à la réflexion personnelle ou solipsiste ; il doit presque tout au dialogue. La réflexion vient après, quand une question est restée sans réponse, quand une réflexion pertinente me contraint d'amender un texte, quand un courrier critique ou indigné provoque la pensée. Quand on fustige parfois – Bourdieu, Lecourt – la présence des philosophes dans les médias, on oublie que l'un de ses effets consiste à entraîner des réactions et des commentaires souvent très utiles. Je suis convaincu que le dialogue avec l'opinion ne dessert pas la pensée, mais contribue à la nourrir en faisant corriger des propos maladroits ou imprécis, en suscitant des investigations complémentaires. C'était la leçon de Socrate. Elle reste intelligemment actuelle quand les formes de médiations se multiplient, dont aucune n'est méprisable par principe. La rhétorique toujours menace, mais elle peut être évitée. Si le temps n'est pas absorbé par cette présence médiatique, si des choix sont faits dans les lieux d'intervention, si on rejette par principe toute servilité vis-à-vis de ce nouveau pouvoir, la présence médiatique constitue une expérience nouvelle et non négligeable : parcours de lieux très divers, épreuves souvent salutaires d'un temps de parole non universitaire et questionnements inouïs. La qualité très variable de ces derniers n'enlève rien à l'expérience : elle est propre à l'opinion. Et quand je passe de mes classes préparatoires du lycée Louis-le-Grand aux terminales techniques du lycée Galilée à Gennevilliers, de l'élite républicaine à un établissement classé en zone d'éducation prioritaire et en zone de lutte contre la violence, je sais que les questions seront différentes et nouvelles. Les unes ne sont pas nobles et les autres ig-nobles. La philosophie est faite pour être enseignée. Son langage ne peut être seulement sourcier mais doit aussi être cibliste, comme disent les linguistes pour distinguer une traduction qui privilégie le contexte d'un mot dans sa civilisation d'origine et une traduction qui cherche avant tout à être comprise et choisit le langage du jour.

Un exemple, parmi bien d'autres. Face à mes élèves de Gennevilliers, je discourais sur Montesquieu. A cette fin, j'énonçais l'étymologie du mot « politique ». Je la dictai : politique vient de πολις qui signifie, en grec, la « Cité ». L'effet fut immédiat. Des voix s'esclaffèrent dans la classe : « Ooh ! Les Cités, Platon, il parlait déjà de nous ! Le bouffon ! Ils s'en occupent pas beaucoup, m'sieur, les politiques de nos Cités ! » Je connaissais pourtant, dans d'autres cadres, Vaulx-en-Velin ou Amiens-Sud, villes sur lesquelles j'avais travaillé avec Martine Aubry. Mais depuis dix-huit ans que j'enseignais la philosophie à Louis-le-Grand, jamais je n'avais pensé à cette perception du mot « Cité » dans le cadre d'un cours de philosophie politique. La traduction cibliste me conduirait désormais à parler de l'État et non de la Cité.

Platon toujours : quand l'allégorie de *La République* fait obligation au philosophe de redescendre dans la caverne, Platon explique que ce devoir est en même temps une dette. Le philosophe « doit » quelque chose, donc il « doit » prendre le risque d'une redescente dangereuse, celle-là même qui, pour Platon, fit condamner Socrate à mort. Le risque s'est déplacé pour devenir une épreuve de la pensée. La philosophie doit s'éprouver elle-même face à ce qui n'est pas elle. La philosophie doit aussi éprouver ce qui n'est pas elle. Elle ne peut le faire dans les seuls cercles académiques ou pédagogiques. Le philosophe est toujours endetté, débiteur, obligé : dans la Cité idéale – pardon, l'État idéal ! – de Platon, la contribution collective à sa formation lui interdit le désengagement. Son désenchaînement n'est pas un détachement.

Son ascension vers le monde des Idées n'a pour horizon que son immersion à venir dans le monde sensible – au risque de la noyade, c'est-à-dire de la confrontation avec les professionnels subtils de la rhétorique, ceux qui cherchent à persuader plus qu'à convaincre.

Je propose ces réflexions sous l'autorité de Platon, mais aussi par expérience. J'ai bien sûr été souvent déçu par une émission rapide et superficielle, ou par un journaliste incompétent. Nos élèves eux-mêmes, face à leurs enseignants, peuvent ressentir des impressions analogues. Mais au terme – est-on d'ailleurs jamais au terme, puisque chaque livre est occasion de nouvelles discussions ? – j'ai la conviction d'écrire en pensant à des Palois, des Lillois ou des Nantais. Je suis certain d'avoir conçu ce livre dans la circulation constante – celle que j'aime – entre mes élèves de Louis-le-Grand ou de Gennevilliers, entre les militants syndicaux et les grands patrons, entre des ministres de la République et leurs administrés, entre ma campagne normande de Vatteville-la-Rue et mes quartiers parisiens, entre mon Nord natal et mon pays Basque culturel, entre Usinor et Castorama, entre Sylis et l'AINF – deux PME nordistes –, entre France 3 et la Cinquième, entre RTL et France-Inter, entre les éleveurs de porcs et les commissaires aux comptes, entre les coopératives agricoles et les banques mutualistes, entre la femme que j'aime et mes enfants, entre l'État et ma famille qui s'agrandit toujours – tous lieux, toutes personnes que j'ai aimés et qui m'ont instruit.

Michel Serres m'a appris le *Tiers-Instruit*, c'est-à-dire la nécessité de tous les métissages. Quand, petit Lillois, j'arrivai à Normale sup, il m'a pris en main pour m'enseigner qu'il ne faut jamais être pris en main. Il fut mon Maître, au plus beau sens du mot, c'est-à-dire au risque d'être tué pour garantir ma liberté. Il y a des derridiens, des althusseriens – ou, du moins, il y en a eu –, tandis qu'il n'existe aucun adjectif pour qualifier les épigones de Serres. Il m'a appris la circulation. « Circulez, il n'y a rien à voir », voulait-il dire pour me faire sortir de toute académie.

Ce texte est un résultat empirique, fait d'observations et d'écoutes. J'ai toujours plus appris en discutant avec les parents des enfants morts d'une hormone de croissance contaminée qu'avec des prospectivistes ou des idéologues de la technologie. Même si, selon moi, l'un des principaux objectifs et exercices philosophiques consiste à développer un concept, cette pratique même s'enrichit du bon sens et des questions de toutes origines. J'ai ainsi fait le constat suivant, déterminant pour l'écriture de ce livre : la responsabilité est un principe qui nous concerne tous, c'est un principe philosophique sans être un principe de philosophe.

Je n'écris donc pas un « Traité », mais un texte qui a été re-traité par bien d'autres que moi dans des questions, des remarques ou des indignations. Je garde l'idée que nous vivons en effet *Le Temps des responsables*. La responsabilité est une idée nouvelle qui se distingue des grandes vertus dont on fait un petit traité. Je me suis réjoui de rencontrer des hommes et des femmes qui s'étaient « remis » à la philosophie grâce à Comte-Sponville, Ferry ou même au *Monde de Sophie*. Tant mieux. Comment reprocher à ces auteurs que leurs livres soient lus ? Au contraire, leurs écrits à succès alimentent la réflexion de ceux qui s'interrogent et il en reste des traces qui comptent dans les questionnements. Chacun commence la philosophie où il peut. Chacun saisit l'occasion qui se présente, un cadeau familial, une émission de Ferney ou de Pivot, ou même un café de philo. Tant mieux. Tant mieux, car la pensée se porte mieux qu'avant cette occasion.

Prenons l'exemple du *Petit Traité des grandes vertus* de Comte-Sponville. Avec le parcours qu'il propose dans l'histoire de la philosophie autour de dix-huit vertus, il fait œuvre utile pour beaucoup qui veulent mieux comprendre ce que sont la politesse, l'amour ou le courage. Tant mieux pour tous ceux qui s'y instruisent. Plusieurs fois, lors de débats publics, on m'a posé cette question : pourquoi affirmez-vous que le principe de responsabilité est un principe moral émergent alors que la responsabilité ne fait même pas partie des dix-huit vertus analysées par Comte-Sponville ? Cette question n'est pas sotte. Elle m'a contraint d'analyser la relation entre les vertus traditionnelles et le principe de responsabilité. Il existe une différence essentielle entre les grandes vertus (courage, humilité, etc.) et la responsabilité. Cette différence tient à l'histoire et au présent. Ces grandes vertus ont été élaborées au fil des siècles. Penseurs et écrivains ont contribué à les nourrir de belles pensées ou de bons mots. Elles naissent toutes de l'Antiquité ou de l'Ancien Testament. Elles gardent évidemment un sens qui justifie qu'on les « traite » et que chacun puisse s'y rapporter. La responsabilité est d'un autre ordre. Elle est paradoxale : en effet, d'une part, elle est *au principe*, c'est-à-dire au commencement ; d'autre part, elle n'a pas d'histoire – même si l'on pourrait s'exténuer à lui retrouver quelque préhistoire. Elle est au principe et, en même temps, elle est un principe de notre temps, nouveau-né, encore tout embué de liquide amniotique, récent, mal dégrossi, balbutiant. Il porte encore les traces d'une hérédité juridique.

Le principe de responsabilité ne contredit pas les vertus qu'on reconnaît à quelques caractères ou tempéraments. Il enveloppe même dans son contenu ou entraîne dans son sillage certaines d'entre elles. La plus évidente est le courage, puisque la responsabilité suppose qu'on veuille répondre de ses actes devant autrui, qu'on soit prêt à l'affronter dans des cas difficiles, qu'on ne recule pas devant l'annonce d'une décision douloureuse. Mais d'autres relations seront à mettre au jour, car ces vertus appartiennent à la conscience commune. Leurs histoires font leur force, et notre éducation – celle qu'on a reçue comme celle qu'on dispense – les perpétue. La conscience morale ne fonctionne pas par à-coups. Elle ne chasse pas la proie pour l'ombre. Les vertus sont des références qui permettent concrètement de distinguer le bien et le mal, c'est-à-dire d'évaluer ses propres actes et de choisir ses amis. Pour reprendre ces dix-huit vertus, la conscience morale sait intuitivement qu'il vaut mieux être courageux que lâche, humble que vaniteux, poli que discourtois, fidèle que félon, prudent que tête brûlée, juste qu'injuste, généreux qu'avare, miséricordieux que vindicatif, reconnaissant qu'ingrat, simple que prétentieux, tolérant que raciste, pur que vicieux, doux que brutal, amoureux que haineux, de bonne foi que menteur, et qu'il est préférable d'aimer l'humour plutôt que la gravité sinistre, ou de manifester de la compassion plutôt que de l'indifférence. Cette perception intuitive tient à la conscience individuelle et au langage collectif qui nous est transmis par la tradition. Il est bon que ce langage soit scruté, analysé, décortiqué par le philosophe, à la lumière de ce qui fait sa compétence spécifique, élaborée dans l'histoire de la pensée et l'exercice d'analyse conceptuelle.

Je reviendrai sur ce qui constitue aussi une intuition immédiate de la responsabilité. Cette intuition est ancienne, mais elle se formule aujourd'hui dans un principe nouveau et avec un mot dont on ne disposait pas. Je partirai donc du mot tel qu'il est, tel qu'il est utilisé, tel qu'il est parlé. Si j'ai choisi la voie la plus empirique, c'est en ce sens. Dans les classes, les amphithéâtres ou les auditoriums, la confrontation avec les mots est un moment primordial. L'apprentissage philosophique consiste plus, pour chacun, à penser les mots qu'il dit qu'à disserter sur l'amour, la mort ou Dieu. Cette nécessité se voit et s'entend dans toute relation, avec des élèves ou avec un public plus bigarré. Il existe un besoin très vif de comprendre les liens qui s'articulent entre différentes acceptions d'un mot ou d'éclaircir les usages contradictoires d'un autre mot. Tel est ce dernier cas pour des mots comme « responsabilité », « responsable », voire « responsabiliser ». Dès l'opposition entre l'impératif, « sois un homme responsable ! », et la défense, « je ne suis pas responsable », chacun perçoit des confusions et des ambiguïtés qui sont multipliées par les réductions médiatiques, les monomanies juridiques et les prétentions philosophiques.

Il faut donc commencer, empiriquement, par analyser ce nouveau « maître mot » qui peuple les discours (chap. 2). A cette seule condition, nous pourrons distinguer des usages légitimes et des usages illégitimes. En tant qu'il est marqué par la tradition juridique, le mot de responsabilité fera l'objet d'une analyse propre à ses usages (chap. 3) et surtout des perversions engendrées par une responsabilité si vile dans nos us, discours et coutumes (chap. 4). Ce n'est qu'après avoir extrait la responsabilité de sa gangue juridique que nous pourrons en développer le contenu moral (chap. 5). Nous pourrons enfin constater que le principe de responsabilité, comme principe moral émergent dans notre monde contemporain, se caractérise par la simplicité d'une épreuve qui s'impose à la conscience de chacun, qu'il agisse ou qu'il décide (chap. 6).

Intermède

Les maîtres plats

Lors d'un dîner, des personnes très bigarrées en goûts et en vêts sont rassemblées à table. Les lois de l'hospitalité exigent que leur hôte ne serve pas de plats contestés ou susceptibles de déplaire à quelque convive. La recension en est aisée. Par exemple, malgré l'affection infinie que j'ai pour les huîtres plates triple zéro du golfe, je ne peux prendre le risque de déplaire en offrant leurs saveurs : des êtres sont saisis d'un spasme de dégoût à l'idée même de gruger l'animal. De même convient-il d'éviter tous escargots, lumas ou cagouilles.

Restent les maîtres plats, ceux qu'on retrouve partout sous un nom générique qui dissimule leur identité. Reconnus, reconnaissables, ils signifient qu'on est bien reçu.

« Je vous ai fait du saumon fumé ! » annonce la maîtresse de maison qui s'excuse déjà de sa rentrée tardive et de son débordement professionnel. Elle a d'ailleurs à peine eu le temps d'embrasser ses enfants faits entre deux portes, c'est-à-dire entre deux licenciements.

« Je vous ai fait du saumon fumé ! »

Catastrophe, me dis-je toujours en mon for intérieur. C'est souvent la même chose avec le foie gras, ramené par un ami du Sud-Ouest. Et pire avec le bordeaux qu'on fait revenir de chez un petit propriétaire dont il faudra dire des nouvelles. Suit en général un gigot. De mouton ou d'agneau, on ne sait plus. A la taille ce doit être un agneau. De pré-salé ? Non, je le sale moi-même, mais vous pouvez en rajouter un peu si vous le souhaitez. De lait ? Pauvres bêtes, les retirer si violemment sous leur mère. De Pauillac ? Il irait mal avec le petit bordeaux dont on ne revient pas encore. Je préfère ne pas leur en dire des nouvelles.

Apparaît donc le saumon fumé. Consternation. Il luit sous le lustre de verreries. Les mains de la dame ont dû patiner sur son vernis. Il doit échapper à toute préhension. On le croirait sorti d'une embrocation. Les précoupures se voient aux arêtes sèches des tranches. Quant au goût ? En fait, plus je vieillis plus j'aime le hareng… qui reste un plat interdit dans ces réceptions.

Le saumon fumé est un maître plat, comme le foie gras, comme le gigot, comme le rôti. On les voit partout pour les fêtes et dans les dîners en ville. On les vante partout. Malheureusement on doit aussi les manger partout.

Tels sont les maîtres mots : on les entend partout, tout le monde est pour. On vous les ressert donc car vous n'êtes certainement pas contre. D'ailleurs je ne suis pas contre le saumon fumé. Mais qu'on m'en précise l'origine, qu'on le choisisse en fonction de son gras, de sa couleur, de son fumage ! Qu'on le goûte enfin pour qu'il soit ce qu'il doit être !

Tels sont les maîtres mots comme des plats qu'on vous sert partout jusqu'au haut-le-cœur. Le saumon fumé peut être excellent, subtil, délicat. Alors son parfum discret ne perd de discrétion que sur les doigts qui le profanent, mais envahit le palais sans infecter l'haleine.

Tels sont les maîtres mots comme des mots, comme des maîtres, comme ce qui peut nous inspirer tous, et non seulement quelques-uns. Tels sont les maîtres mots, au risque d'une trivialité qui les tue, au risque d'une routine qui les rend insipides.

La morale est tout entière dans la gastronomie.

2. Un maître mot

Bien que le mot « responsabilité » ait à peine plus de deux siècles, il a été affecté de plusieurs transformations dont quelques-unes sont très récentes. Elles tiennent, pour certaines, aux usages et aux mésusages. Elles relèvent, pour d'autres, d'une évolution de la société et de ses représentations. Quand un mot devient un maître mot, on en use et on en abuse. Mais l'abus du bien social que constitue un mot peut être soit le fait d'approximations maladroites, soit d'appropriations opportunes. Des hommes peuvent se tromper, d'autres vouloir tromper. Quand l'éloge de la responsabilité coexiste avec la mise au pilori des responsables, chacun y perd son concept. Pour éclairer ces divergences – au sens où on emploie ce mot en optique –, je dois d'abord faire le constat d'une promotion, celle, récente, de la responsabilité au rang de maître mot. Car ce statut non écrit, mais très « parlé », est la cause principale de confusions multiples.

Le champ politique est en général un bon symptôme. Quand on veut gouverner, on dit ce qui est acceptable par tous pour se faire accepter par une majorité. Or, jusqu'aux années soixante-dix, le concept de responsabilité n'était pas communément admis sur l'échiquier politique. Sa référence implicite à l'individu et à un système de valeurs libérales – initiative, risque, responsabilité – le faisait pencher à droite et ses principaux zélateurs étaient jugés comme des hommes de droite, alors même que la droite ne le revendiquait pas encore comme sien. Il n'en est plus rien. Martine Aubry, comme François Bayrou, Lionel Jospin, Gilles de Robien ou d'autres discourent sur la responsabilité pour en faire l'éloge sans vergogne. Cette acceptation par tout le champ politique n'est pas une preuve, mais un symptôme : la responsabilité est bien devenue un maître mot, utilisable dans les polémiques comme dans les discours positifs. Cet usage répandu n'en fait pas perdre l'efficacité. En effet, la responsabilité renvoie à toutes les sphères de l'existence. Chaque homme ou femme est concerné, dans sa vie professionnelle, dans son statut de citoyen, dans sa vie familiale, dans son rôle de consommateur et dans tous ses libres engagements. Dans la diversité des temps et des lieux qui constituent chaque existence, le principe de responsabilité peut devenir une étoile polaire commune, c'est-à-dire une référence qui permet d'intégrer dans un même questionnement les expériences variées que nous vivons tous face à d'autres qui ne sont jamais les mêmes selon les lieux et les temps. Le discours politique sur la responsabilité est donc à la fois efficace et pertinent.

On aurait tort de rapporter à la phrase fameuse de Georgina Dufoix (« responsable mais pas coupable ») l'origine de cette vogue lexicale, car le contexte du sang contaminé donne au mot de responsable un contenu beaucoup plus juridique que moral. A vrai dire, les politiques ont été pris dans un mouvement général qui les dépasse largement et qui consiste à faire émerger le principe de responsabilité comme le principe moral de notre temps. Ils ont, comme les autres, vécu l'absence de tout discours moral dans l'espace public durant deux décennies, sa timide réapparition dans l'avatar hybride de l'éthique et de la nécessité d'un principe qui s'adapte aux caractéristiques de notre époque.

La morale dont il faut se moquer

L'idée d'adapter la morale pourrait paraître choquante, voire opportuniste, comme si l'utilité fondait le devoir. Il ne s'agit pas d'un tel processus. Comme j'ai eu l'occasion de le montrer par ailleurs, la morale a été discréditée pour trois raisons essentielles : elle se caractérisait par une véritable obsession sur le sexe à une époque où une cuisse dénudée justifiait un petit rectangle blanc sur nos écrans, tandis que vingt meurtres paraissaient anodins ; elle s'identifiait à une idée d'ordre moral, de conservatisme, de pure répétition de la tradition ; enfin, elle était tout animée de haines multiples, comme l'avait déjà bien vu Nietzsche en dénonçant une morale du ressentiment qui consiste surtout à accuser l'autre pour se convaincre de sa propre vertu.

Reprenons rapidement ces trois points pour insister sur la différence qui émerge avec le principe de responsabilité. En premier lieu, l'obnubilation sexuelle a laissé des traces de deux ordres. D'une part, il arrive régulièrement qu'à la faveur d'une déclaration papale, d'une polémique sur le préservatif ou d'une éjaculation clintonienne, on évoque le « retour de la morale ». Triste retour, si c'était celui-là. D'autre part, pour éviter ces accusations de « puritanisme » ou de « répression », ou de « politiquement correct », on a souvent eu tendance à bannir toute approche morale de la sexualité, ce qui est absurde car le sexe joue un rôle majeur dans nos activités et dans notre existence. C'est, je crois, un nouvel avatar du puritanisme que cette négligence. J'y reviendrai. Précisons simplement que la sexualité constitue, comme d'autres activités humaines, dans ses décisions et ses opérations, un lieu d'application du principe de responsabilité car, hors la masturbation, il existe toujours un autre qui s'implique avec l'un.

« L'ordre moral » est le revolver que dégainent quelques intellectuels dès qu'ils entendent prononcer le mot « morale ». On l'a vu et entendu quand Claude Allègre a parlé de « morale civique » ou a engagé la lutte contre la pédophilie dans l'Éducation nationale. La connexion morale/ordre moral relève de deux approches différentes. L'une est d'ordre philosophique, l'autre d'ordre politique. L'une combat toute notion de devoir pour saisir dans le désir et le plaisir l'alpha et l'oméga des comportements humains. C'est une thèse narcissique et égocentrique. Elle n'est pas absente de l'histoire de la philosophie. Elle a le côté masturbatoire du plaisir solitaire. Elle se défend dans l'îlot d'un manoir rustique, loin du monde et de toute société. Elle correspond à ce que Michel Onfray nomme *la sculpture de soi*. Dans la pensée, elle relève de la liberté individuelle. Dans la société, elle relève d'un fantasme de la liberté. Mais pourquoi interdirions-nous de rêver quand les rêves sont lubriques ?

Il est certain que la morale de la responsabilité ne relève absolument pas de cet « ordre moral » dont l'expression raccourcit l'argumentation pour caricaturer toute démarche morale. C'est bien une morale, puisqu'il y est question de devoirs et non seulement de droits. Mais « l'ordre » moral n'est pas seulement un ordre au sens descriptif du terme, cet ordre qui est constaté dans une série numérique ou dans la beauté d'un cristal. Cet ordre est impératif : il doit être donné par quelqu'un qui ait un ton impératif, qui ordonne et commande parce qu'il trouve intérêt dans la permanence d'un ordre. L'ordre moral a besoin des « forces de l'ordre » pour le « maintien de l'ordre ».

C'est d'ailleurs le sens de l'autre approche, d'origine politique. L'ordre moral serait engendré par une « morale bourgeoise ». La critique n'est pas insensée. Elle prend sa source dans des discours qui prônent la résignation passive contre la violence active et qui préfèrent une injustice à un désordre.

Mélangée avec un peu d'« opium du peuple », cette décoction de morale qui produit paradis artificiels, accoutumance et endormissement correspond bien à une réalité historique. Cette réalité s'étaye sur un support efficace, la tradition. La tradition véhicule, répète, conserve. Elle donne les recettes et les réponses. Elle ne pose pas de questions et ne se pose pas de questions. Elle est manipulable à l'envi. Mais la « morale prolétarienne », garante d'un autre ordre, n'a rien eu à lui envier dans l'histoire. Quand le diktat remplace la recette ou quand le prolétariat se substitue à la bourgeoisie, la morale a des atours aussi peu sympathiques. Moquons-nous de ces morales-là, serviles et autoritaires à la fois.

Enfin, la haine et le ressentiment. Même si elle a plus d'un siècle, la critique de Nietzsche garde toute sa force. La morale reste menacée par une essence hargneuse, c'est-à-dire par ce discours du vertueux qui ne se pense comme tel qu'à travers la haine du vicieux, du bon qui ne peut se reconnaître et se faire reconnaître qu'en accusant le méchant. « Tu es méchant, donc je suis bon », résumait cette triste argumentation. Autant les deux autres éléments me semblent aujourd'hui dépassés et peu menaçants, autant cette critique de l'essence même de la morale doit être toujours gardée dans un coin de notre mémoire et de notre intelligence. En effet, la morale de la responsabilité est constamment menacée par ce travers. Elle l'est, bizarrement, pour des raisons qui ne tiennent pas au discours moral lui-même, comme le croyait Nietzsche, mais à son histoire propre, mâtinée de droit. Le droit, dans la mesure où son débouché naturel est judiciaire, se laisse facilement entraîner sur une pente accusatrice. Le principe de responsabilité est donc concerné au premier chef par cette dérive. C'est pourquoi il faudra distinguer, dans les racines et dans la surface, le concept juridique et le concept moral de la responsabilité.

Un nouveau discours moral

La nécessité d'un discours moral dans l'espace public n'est pas originale. Elle a semblé plus urgente après quelques années de déréliction publique. Comme aucune morale ne peut se passer des concepts de *bien*, de *mal* et de *devoir* consubstantiels à cette conscience morale qu'il nous faut bien présupposer, le problème à résoudre consistait à faire émerger un principe qui transforme le contenu du discours, tout en étant compatible avec ces concepts essentiels et structurants. Tel est le rôle du principe de responsabilité : il constitue le contenu d'un nouveau discours qui échappe aux travers déjà dénoncés, pourvu qu'on en garde et le souvenir et le soupçon.

En effet, le principe de responsabilité propose une subversion qui n'a plus rien à voir avec un quelconque ordre moral. Il ne concerne la sexualité que comme n'importe quelle autre question posée dans les rapports avec autrui. Comme concept moral, il ne recèle aucune haine de l'autre puisque au contraire il n'existe que par la présence positive de l'autre – si du moins il s'extrait de ses handicaps juridiques.

C'est en ce sens que *la vraie morale se moque de la morale*. Certes cette morale n'est pas vraie en tant qu'elle serait révélée par un ordre surnaturel ; mais le principe de responsabilité se moque de la morale. Il ne s'en moque pas au sens où il la raillerait ou la tournerait en dérision : « il s'en moque », c'est-à-dire « il l'ignore ». Il ne constitue nullement ce « retour de la morale » qui évoque toujours quelque méfiance justifiée et qui nous revient dans la presse dès qu'il est question de sexualité, de Pacs ou de préservatif.

De ce point de vue, nous « vivons une époque formidable ». Le principe de responsabilité pousse à l'invention, à l'innovation, à la création, à l'improvisation. Quand nos aïeux étaient encombrés de traditions ringardes ou de soucis mesquins, nous pouvons nous orienter dans l'existence à l'aide d'une « morale ouverte », comme le disait Bergson lorsqu'il critiquait les « morales closes », plus adaptées aux fourmis qu'aux hommes.

Sans être dans le pur hédonisme, ni le culte naïf du plaisir et du désir immédiats, ni la sculpture narcissique de soi, nous pouvons penser nos devoirs avec liberté, puisque nous pouvons les fonder et les tester.

La vraie morale se moque de la morale. La formule pascalienne est aussi belle qu'efficace. Elle dit, en un trait, l'essentiel : qu'importe la morale ! ce qui compte, c'est la vraie morale, une morale de vérité qui sollicite la conscience en ses tréfonds. Car la morale peut être fausse, comme on dit d'un homme ou d'une femme qu'ils sont *faux*. Toutes les critiques qui ont été énoncées reviennent à cela : critiques de *la fausseté*. On dit aussi l'hypocrisie, la tartuferie ou le pharisianisme, selon que nos références sont psychologiques, littéraires ou religieuses. La vraie morale se moque des morales qui sonnent *faux*. La fausseté consiste à contrefaire la vérité. Ce n'est pas l'erreur, ce n'est pas l'illusion, c'est l'affirmation d'une vérité qui n'en est pas une avec la pleine conviction que ce n'en est pas une. La vraie morale se moque des faussaires, ceux qui fabriquent de faux préceptes sur des planches à billets, avec l'obsession d'imprimer les esprits. Ceux qui réduisent l'existence au sexe, le devoir à l'ordre et la morale à la haine vindicative de l'impuissance. La vraie morale est vraie en tant qu'elle touche le cœur de la morale, c'est-à-dire la conscience d'un sujet pensant et agissant. Elle l'anime, comme on le dit d'une âme. La vraie morale est du côté du mouvement, non du repos. Le principe de responsabilité est son expression contemporaine.

Achevons cet extrait de Pascal qu'il faut citer intégralement :

« *Géométrie. Finesse.*

La vraie éloquence se moque de l'éloquence, la vraie morale se moque de la morale. C'est-à-dire que la morale du jugement se moque de la morale de l'esprit qui est sans règles.

Car le jugement est celui à qui appartient le sentiment, comme les sciences appartiennent à l'esprit. La finesse est la part du jugement, la géométrie est celle de l'esprit.

Se moquer de la philosophie, c'est vraiment philosopher. »

Il n'existe plus aujourd'hui de réponse géométrique, c'est-à-dire mathématique. A chaque problème ne correspond pas une solution, déjà là, déjà trouvée, comme un corrigé. C'est affaire de jugement, c'est-à-dire de finesse. Ceux qui pensent l'ordre moral pensent l'ordre géométrique, « ils veulent traiter géométriquement des choses fines et se rendent ridicules ».

Les mésusages

Cette expression n'est pas pure. C'est la conséquence de la mode et de l'itération dans les discours. En effet, la responsabilité, en devenant un maître mot, perd souvent en clarté ce qu'elle a gagné en notoriété. C'est bien ce que voulait dire Valéry – et sur quoi il faut sans cesse revenir – en faisant cette remarque décisive : « ces mots ont plus de valeur que de sens ». Valéry pensait surtout à la liberté, maître mot de son temps et qui le demeure. Voyez une entreprise privée : elle se nomme immédiatement « libre » entreprise. Considérez une école privée : elle s'appelle spontanément école « libre ». En les attaquant, on agresse la liberté. CQFD.

Cette vie tumultueuse échoit à tous les maîtres mots, de tout milieu. Le concept de *qualité* a connu la même aventure dans les entreprises : personne n'est contre, mais personne ne met le même contenu dans le concept. Entre le bureau des méthodes d'une entreprise industrielle qui le conçoit comme le respect d'un cahier des charges et le service commercial qui l'éprouve comme satisfaction du client, il existe un hiatus qui, tôt ou tard, engendre des conflits. Ce sont toujours les malentendus qui font que les hommes ne s'entendent pas.

On peut affirmer la même chose de la responsabilité aujourd'hui. Personne n'est contre. L'unanimité est satisfaisante. Le consensus est mou comme il est pacifique. Mais il ne dure qu'un temps. Dans l'usage reconnu du terme, dans son rôle de maître mot, il ne faut voir qu'un symptôme. Quelque chose de la conscience morale s'exprime dans un lexique. La maladresse de l'expression fait partie du jeu normal. Nous vivons une époque à nulle autre pareille : les mots s'usent et se banalisent en revenant à la gueule de tous ceux qui parlent dans l'espace public. D'où quelques mésusages, finalement assez anodins dans leurs dérives conceptuelles. D'où quelques usages, beaucoup plus importants, quand le droit revendique sa paternité et quand la justice la reconnaît. Face au juridisme croissant, les usages seulement réducteurs semblent anodins et pusillanimes, bien qu'ils participent aux confusions qui nuisent à l'intelligence du principe moral.

Des usages réducteurs

Quand un mot devient maître mot, il est répété, redit, scandé, psalmodié et devient inattaquable. Mais les extensions de son usage nuisent à la précision de son contenu jusqu'à le contredire totalement ou à le confondre avec un seul de ses ingrédients.

Écoutons par exemple les informations du 20 heures : « L'ouragan Mitch est *responsable* d'inondations qui ont fait des milliers de victimes. » Dans cette phrase anodine se mêlent une réduction et une confusion. La réduction est facile à repérer : l'ouragan est une cause, mais le peu de conscience qu'il est loisible de lui accorder ne peut en faire un responsable ! La causalité est évidemment un ingrédient fondamental du concept de responsabilité, pourtant ce dernier ne peut s'y réduire. La confusion est si complexe qu'il faudra y revenir longuement : si le mot de « responsable » est ainsi utilisé, c'est qu'il renvoie à une tradition juridique dans laquelle la responsabilité ne concerne que des dommages et des victimes, et jamais des actes positifs. C'est là un problème beaucoup plus grave que la simple réduction du concept à un de ses ingrédients.

Cette dernière peut également être constatée lorsqu'on vous envoie rencontrer le « responsable » d'une usine ou d'un service. Substantivé, l'adjectif *responsable* ne désigne plus que l'ingrédient du pouvoir : le responsable est celui qui a le pouvoir dans un lieu donné. Or ce pouvoir ne suffit pas à définir la responsabilité, car il existe bien des pouvoirs qui ne sont affectés d'aucune responsabilité – c'est le cas du despotisme ou de la tyrannie.

Notre contexte démocratique, en institutions et en idées reçues, semble ignorer maintenant que certains gouvernements ne raisonnent jamais en termes de responsabilité. Le tyran, le dictateur ou le despote – selon la variation de leurs dénominations historiques – n'ont aucun souci de responsabilité. Devant qui répondraient-ils ? Quel est cet autre dont ils pourraient tenir compte ? La responsabilité n'a pas bonne presse chez les tyrans. C'est un mot dont ils ne comprennent pas le sens. Quand le caprice est la règle – c'est-à-dire l'absence de règles –, comme l'écrivait Montesquieu, la responsabilité n'est pas au programme.

Le succès du principe de responsabilité dans les discours publics et dans les consciences individuelles conduit donc le philosophe à développer les divers ingrédients du concept moral de la responsabilité. L'analyse conceptuelle est l'exercice philosophique par excellence. Il ne constitue pas une ambition démesurée, car il ne s'agit pas d'imposer une définition du bien comme l'ont tentée bien des philosophies morales, mais de procéder à ce travail de formulation dans lequel Kant voyait la tâche même de la philosophie dans le champ moral. Kant écrivait à propos de la morale ce que Pascal écrivait à propos de la religion. L'un et l'autre pensaient que l'élitisme était incapable de prosélytisme.

Pascal : le dieu des philosophes vaut l'athéisme. Un dieu démontré pour ceux qui comprennent la démonstration ne fait jamais une religion. Un dieu démontré est sans doute un Être suprême, ce n'est pas une personne que l'on peut prier ou fléchir. Le dieu reste abstrait, intelligible pour quelques-uns et finalement si vain !

Kant : la conscience morale est en chacun d'entre nous. C'est la seule certitude dont on puisse partir. C'est la seule certitude qu'il faut analyser. Tous les autres prosélytismes sont vides : aucun philosophe ne peut décider de ce qu'est le bien. S'il le fait, sa démarche est inefficace, perdue d'avance. Vanité des vanités.

La difficulté principale que rencontre aujourd'hui le bon usage du principe de responsabilité est aussi d'ordre conceptuel. Face à un principe moral nouveau, deux obstacles peuvent se dresser pour la conscience individuelle : la difficulté de la mise en œuvre et l'intelligibilité du principe lui-même.

Sans trop anticiper sur le développement de ce principe, la difficulté provient de deux facteurs, dont l'un est banal et l'autre original. L'un est banal : un principe moral laisse toujours la place à l'immoralité. Il permet d'agir bien, mais ne contraint pas d'agir bien. Le poids de la responsabilité comme le devoir ne sont pas naturellement aisés à mettre en œuvre. Tout discours moral peut être critiqué pour son inefficacité. Il veut convaincre, il ne peut pas contraindre – et c'est heureux ! Rien de surprenant à tout cela.

L'autre facteur est plus original : le principe de responsabilité est d'application beaucoup moins mécanique que toutes les recettes antérieures. Quand la règle morale se lit comme un règlement, il suffit de l'appliquer sans que la conscience intervienne trop. Chacun fait ou ne fait pas où on lui dit de faire. Il en est tout autrement quand le principe moral lui-même sollicite les consciences sans leur imposer immédiatement la solution aux questions qu'il les oblige à poser.

Le travail du philosophe ne peut rien contre les réticences des personnes ni contre les reculs ou les transgressions, et c'est aussi heureux. En revanche, il peut timidement tenter d'améliorer l'intelligibilité du nouveau principe. Or celle-ci est entamée par un paradoxe qui vient de son propre succès. Le mot devenu maître mot l'est devenu dans une prolifération d'usages réducteurs, mais aussi contradictoires.

J'ai pris une conscience beaucoup plus vive de ce danger au travers des débats que j'évoquais : au terme d'un exposé classique sur le concept de responsabilité, la tendance naturelle des auditeurs s'abîmait souvent dans des questions multiples dont la dimension principale demeurait de connotation juridique : « que pensez-vous de l'expression "responsable mais pas coupable" ? » « qui est responsable du chômage ? », « qui est responsable des violences ? », « la télévision publique n'est-elle pas responsable de la baisse générale du niveau culturel ? ». Quelle que soit la légitimité de ces questions, elles montrent une focalisation sur le paradigme juridique avec une tendance marquée pour l'accusation ou la recherche du bouc émissaire – qui ramène à la dimension accusatrice de toute morale dénoncée par Nietzsche. Autrement dit, au terme de ces débats, j'ai souvent eu le sentiment d'avoir en partie échoué par rapport à l'objectif que je m'étais fixé de développer le concept de responsabilité dans sa dimension morale positive. C'est pourquoi, il me paraît encore nécessaire de revenir sur les perversions spécifiques qui dérivent de la tradition juridique.

Bien sûr, je ne supprimerai jamais la question « qui est responsable ? ». Elle vient naturellement dès qu'un camion détruit des vies dans une course folle, dès qu'un incident nucléaire affecte une centrale ou dès que l'équipe de France de rugby s'écroule face aux Springboks. Cette question « qui est responsable ? » sera toujours mauvais signe pour les responsables. On cherche, on enquête, on veut faire payer. La question disparaît si la France gagne, si la centrale fonctionne correctement ou si le train arrive à l'heure. La question n'est alors plus formulée pour deux raisons : d'abord, maints « responsables » se présentent spontanément pour assumer le succès et il est donc inutile de les rechercher ; ensuite, la question, marquée par notre tradition juridique, n'a plus de sens car elle n'est formulée qu'en cas de victimes et de dommages.

L'impact de la tradition juridique qui marque le concept de responsabilité est aujourd'hui accru par les pratiques judiciaires et par les influences presque irrémédiables qu'ont les pratiques américaines sur nos mœurs. Si le droit développe dans ses textes fondamentaux le concept de responsabilité, c'est surtout la justice qui le met en œuvre. L'accroissement des plaintes « en responsabilité » donne une dimension nouvelle aux archaïques recherches du bouc émissaire. Ce dernier est moins symbolique que dans l'histoire de l'humanité : l'idée de « faire payer » a été remplacée par l'idée « d'être payé », le symbolique par le pécuniaire. C'est un symptôme de notre temps et de notre économie. On pressent qu'il a peu de chose à voir avec la morale. Mais c'est une véritable difficulté que de savoir comment échapper aux pratiques d'outre-Atlantique dont on sait qu'elles finissent toujours par nous influencer et nous contaminer. L'efficacité du principe de responsabilité pour penser nos comportements, nos actions ou décisions restera très dépendante de la capacité que nous aurons à résister aux influences pratiques. Ce principe n'existe pas dans un monde idéel. On ne peut l'opposer abstraitement au cours du monde. Tiraillé entre des interprétations juridiques et un usage moral, il n'a aucune arme pour s'imposer. Un principe moral doit être désarmé. Il ne saurait être désarmant.

Pression sociale et économique ?

Mais, dans le cas présent, l'émergence d'un principe moral n'est-elle pas seulement l'effet d'une pression sociale, c'est-à-dire une simple adaptation de la conscience à un environnement nouveau ? En constatant que la responsabilité est devenue un maître mot, on ne dit rien ni de sa justification ni de son fondement. En fait, je relève un fait linguistique et social. Je ne dis rien *de jure*, mais j'enregistre seulement *de facto*. Et, précisément, l'omniprésence du mot « responsabilité », y compris dans ses usages les plus farfelus et les moins rigoureux, pourrait être prise au pire comme une manœuvre idéologique, au mieux comme l'énoncé de contraintes nouvelles dont aurait besoin le capitalisme pour se renforcer. On connaît ce bon vieux raisonnement à connotation marxiste : « ce n'est pas un hasard » si l'économie de marché veut aujourd'hui mobiliser ses troupes sur un marché mondial. Exiger de tous d'être responsables consisterait à diluer les responsabilités quant à l'ordre mondial existant.

Cette objection a deux origines qu'il faut examiner : d'une part, la critique d'un individualisme rampant présent dans le concept de responsabilité et consacré par le droit. D'autre part, l'usage de plus en plus fréquent du mot « responsabilité » dans le monde de l'entreprise, soit comme « valeur partagée », soit comme « principe de management ». Ce dernier usage aurait un objectif très apparent : faire de la responsabilité un levier de management pour améliorer l'efficacité des travailleurs. L'ensemble de ces objections serait confortée par la critique générale de l'État-providence, de l'assistance et du collectivisme.

Je ne néglige pas cette objection, car elle repose sur des discours aisément constatables. Je pense cependant qu'ils doivent être retournés contre eux-mêmes. En effet, les entreprises sont confrontées aux mêmes contradictions que la société tout entière quant aux représentations d'une responsabilité qui s'exténue souvent dans un discours purement juridique. Par ailleurs, ce qu'on nomme la « pensée unique » – et qui doit être combattu inlassablement – contredit le principe de responsabilité puisque cette pensée unique, sous prétexte de contraintes mondiales, de compétitivité et de concurrence, ne cesse d'affirmer qu'« il n'y a plus de choix possibles ». Je considère que le principe de responsabilité appliqué aujourd'hui dans le monde économique est beaucoup plus subversif qu'il ne lui est cohérent. On verra à travers quelques exemples à quel point ce principe moral s'applique au pouvoir du chef d'entreprise en lui suggérant des devoirs difficiles qui n'empruntent en rien à l'idéologie du chef charismatique ou aux discours des « contraintes inéluctables ».

L'émergence du principe de responsabilité comme principe moral de notre temps n'est pas un effet de la contrainte économique ou sociale, il est plutôt la manifestation de la liberté humaine face à ces contraintes. Il exprime la capacité à penser cette liberté d'une triple façon : par rapport à un discours moral discrédité, par rapport à une non-responsabilité constatée et par rapport à une évolution sociale qui induit la nécessité de nouvelles improvisations.

Par rapport à un discours moral discrédité, la conscience morale cherche de nouvelles voies. Celles-ci doivent pouvoir être empruntées par tous et, en exprimant les concepts essentiels de toute morale – *bien, mal, devoir* –, ces nouvelles voies ne sauraient s'opposer frontalement au cours du monde, sous peine d'impuissance. La morale de la responsabilité n'est pas celle d'une « belle âme » qui s'entretiendrait d'une satisfaction narcissique en déplorant le mal courant pour jouir d'un bien strictement subjectif.

Par rapport à ce qui se passe quotidiennement, le principe de responsabilité devient une instance d'évaluation et de mesure, comme l'est toute norme morale. Son affirmation comme principe ne signifie nullement que tous les comportements humains en sont aujourd'hui transformés. Au contraire, c'est souvent le constat d'une non-responsabilité qui permet d'induire l'exigence de responsabilité. On ne peut donc arguer de faits, ou de telles ou telles affaires, pour contredire l'importance du principe de responsabilité. Mais notre manière d'aborder et d'évaluer tel ou tel dysfonctionnement de la vie politique ou économique devient de plus en plus marquée par cette exigence de responsabilité.

Enfin, et surtout, c'est bien l'évolution de notre société, l'accélération du progrès, la rapidité des transformations sociales et techniques, et, plus généralement, l'irruption de situations nouvelles qui nous conduisent à adapter notre réflexion morale. Le principe de responsabilité combat l'idée d'une morale impuissante et héroïquement vertueuse. C'est un principe qui se moque des principes. C'est un principe qui s'attache aux conséquences. C'est pourquoi le principe de responsabilité fait de l'effet : il fait des effets son souci primordial. On pourrait prendre ici comme exemple la fameuse distinction pascalienne entre « grâce suffisante » et « grâce efficace » : qu'est-ce qu'une grâce qui ne produit pas son effet ? Par analogie, que serait une morale qui ne produirait pas son effet ? La morale efficace se moque des morales suffisantes.

Cette triple dimension me rend optimiste. Car elle montre

que la liberté humaine trouve toujours mille voies pour harmoniser la contrainte du devoir et l'invention de la liberté.

Cependant l'objection du caractère individualiste propre au principe de responsabilité n'est pas non plus négligeable. A chaque débat sur la responsabilité reviennent toujours des questions qui, dans la variété de leurs formulations, expriment ce souci : « Comment peut-on concilier la responsabilité individuelle et la responsabilité collective ? » Il est vrai que le concept de responsabilité concerne l'individu, dans sa conscience et dans son rapport aux autres. Ce constat est ancré dans le fait même que la conscience morale relève de la personne humaine. Il faudra donc essayer de penser cette objection, mais ce ne sera possible que si l'on clarifie d'abord le concept. Prenons un exemple récent. Les mesures qui ont été prises pour rétablir l'équilibre des comptes de la Sécurité sociale prévoyaient qu'en cas de dépassement collectif des dépenses les médecins seraient amenés individuellement à payer des pénalités correspondant à ce dépassement. Le Conseil constitutionnel a rejeté cette disposition au nom d'arguments juridiques très forts et très prégnants dans tout notre droit positif : « En posant le principe que chaque médecin conventionné est financièrement responsable du dépassement d'un objectif collectif de dépenses, quelle que soit l'évolution de sa propre activité au cours de l'exercice, la loi méconnaît les principes de personnalité des peines et de responsabilité personnelle. » Juridiquement, cette argumentation est imparable – même s'il existe, comme dans le cas des accidents du travail, des formes de sanctions collectives. Moralement, elle est de toute façon très contestable. En effet, les syndicats de médecins insistent sans cesse sur la responsabilité des médecins pris individuellement. Ils sont eux-mêmes une force de représentation collective auprès des pouvoirs publics et s'engagent à ce titre. Ils demandent que, au lieu de contraintes imposées, on fasse appel à la responsabilité personnelle, mais ils le font en tant que syndicats, c'est-à-dire organisation collective et, dans ce cadre, ils engagent collectivement leur responsabilité. C'est d'une certaine manière un aveu d'impuissance pour les syndicats de médecins que de ne pouvoir organiser le lien entre responsabilité collective et responsabilité individuelle et d'en assumer la charge.

Dans une entreprise, il n'est pas rare que la récompense ou son absence soit collective : quand se met en place un groupe de projet attaché à atteindre certains objectifs, si l'on veut développer un esprit d'équipe, on évitera de concevoir la sanction des performances comme strictement individuelle : chacun devient responsable de tous et tous deviennent responsables de chacun. Cela fait partie du contrat initial. Il en est de même pour une équipe de France qui gagne la Coupe du monde.

Le problème peut être ainsi formulé : quand il s'agit de dommages et de dédommagements, nous entrons dans le paradigme juridique et dans sa logique qu'énonce clairement le Conseil constitutionnel. L'engagement moral n'a plus alors aucune efficacité. Les médecins peuvent s'engager pour leur responsabilité morale, mais dès qu'il y a préjudice, échec ou victimes, le recours au droit annule nécessairement toute forme d'engagement collectif.

Les médecins se trompent en réclamant une responsabilité individuelle et des sanctions individuelles. Ils se mettent ainsi dans une logique purement juridique qui débouche nécessairement sur des pratiques policières de surveillance tatillonne. Déjà harcelés par les premières pratiques américaines de chicanes toujours recommencées, ils semblent préférer un concept de responsabilité négatif qui exige sanction et instance de sanction. Au lieu d'échapper à cette logique, ils s'y enferment. Au lieu de se prendre en main en tant que profession, ils veulent déléguer à d'autres le contrôle individuel.

C'est pourquoi le travail sur cette notion de responsabilité collective est très important. On peut en tracer la ligne directrice.

L'individuel et le collectif

En effet, la responsabilité morale est d'abord affaire de conscience individuelle comme la responsabilité civile est affaire de personne. De fait, la responsabilité renvoie toujours à une conscience, et un collectif sans conscience de soi ne peut être dit responsable, du moins pas plus que l'ouragan que nous évoquions. Mais, en certaines occasions, une organisation ou un ensemble d'individus s'érige en conscience morale pour assumer une responsabilité collective. En se constituant ainsi, l'organisation devient bien moralement responsable. Juridiquement, il est très fréquent qu'une collectivité soit condamnée par des instances très diverses quand certains de ses membres ont commis des fautes ou pris des risques excessifs : c'est aussi vrai d'une organisation politique qui trouble l'ordre public que d'un club de football si des supporters ont mal agi sur un terrain, ou d'une entreprise.

Le nouveau code pénal a d'ailleurs créé une disposition nouvelle qui concerne « la responsabilité pénale des personnes morales ». L'ambiguïté de cette formulation est patente : la personne morale est en droit le contraire de la personne physique, c'est une collectivité qu'on peut considérer comme une personne physique mais qui n'en est pas une. Elle a désormais un casier judiciaire. Dans le cas de poursuites pénales, une entreprise peut être condamnée comme telle, en tant que « personne morale », ce qui n'exclut nullement que son dirigeant le soit en tant que « personne physique ». Cette disposition nouvelle – et très contestée, quoiqu'elle soit en application dans de nombreux pays comme le Royaume-Uni – peut avoir des conséquences importantes car on peut tout à fait concevoir qu'une entreprise condamnée pour corruption ou trafic d'influence soit écartée des marchés publics, comme on écarte de la fonction publique les personnes physiques dont le casier judiciaire est chargé. Dans certains secteurs, cette sanction peut être fatale. Jean-Marie Messier, pour dissuader, chez Vivendi, ses cadres des pratiques de corruption, a même déclaré : « la peine de mort existe pour les personnes morales ». Évidemment cette perspective est strictement juridique, c'est dire qu'elle est insuffisante.

La difficulté réside toujours dans le passage de la responsabilité collective à la sanction individuelle. Ce hiatus entre l'individu et le collectif apparaît quand il s'agit de faire payer l'individu. Si les syndicats de médecins assumaient jusqu'au bout leur conviction d'une responsabilité à défendre et à promouvoir, ils devraient proposer que le dépassement global des dépenses soit compensé par leur organisation en tant que telle, quitte à faire eux-mêmes financer ce surcoût par leurs adhérents. Il y aurait là un beau geste et une prise de responsabilités décisive pour montrer que la responsabilité est assumée jusqu'au bout. Il y aurait surtout un engagement remarquable puisque aucune disposition juridique ne saurait y contraindre. Il y aurait une prise de responsabilités exceptionnelle puisqu'elle consisterait à assumer dans son propre milieu l'évaluation des progrès et reculs de ses propres adhérents.

C'est à ce titre que je voudrais reprendre la technique pédagogique utilisée par les jésuites dans le collège. Plus je l'expose, plus des publics très différents semblent y voir un ressort essentiel pour cette liaison de la responsabilité individuelle et de la responsabilité collective. Qu'on me pardonne donc cette répétition.

Lorsque j'étais élève du collège Saint-Joseph à Lille, dans les classes du premier cycle, les jésuites redoublaient l'enseignement didactique d'un certain nombre de jeux pédagogiques dont ils omettaient à bon escient de dire qu'ils étaient pédagogiques – ce qui les aurait rendus très ennuyeux. Ainsi, dans une classe de trente élèves, nous étions répartis en équipes de cinq, soigneusement choisis (un très bon, un bon, un moyen, un mauvais et un très mauvais – ces appréciations n'indiquant que des performances intellectuelles et non un jugement moral). A chaque composition d'anglais, de latin ou de mathématiques, les performances de chacun étaient traduites en kilomètres : nous avions sur le mur de la classe une sorte de Tour de France, avec un parcours nous conduisant par étapes de Lille à Lourdes, par exemple – jésuites obligent ! Lorsque la performance de l'équipe dépassait le nombre de kilomètres requis, nous disposions d'un reliquat qui était utilisable pour l'étape suivante – c'est à cette occasion que j'ai appris le sens du mot « reliquat ». La finalité m'est apparue plus tard, mais elle me semble très claire aujourd'hui : le très mauvais élève qui passait de 2/20 à 4/20 faisait gagner son équipe ; l'excellent élève qui chutait de 18/20 à 16/20 la faisait perdre. Ainsi chacun avait-il conscience que sa performance individuelle, quel que soit son niveau, pouvait faire gagner ou perdre l'équipe. Une autodiscipline spontanée se mettait en place qui faisait moins intervenir les maîtres, puisque, à l'intérieur même d'une équipe, s'organisaient félicitations, réprimandes et encouragements. Peut-être les médecins devraient-ils s'organiser ainsi. Dans la responsabilité, ce qui compte c'est le delta, c'est la différence, c'est le progrès ou la régression. Il est essentiel, dans notre société, que chacun ait conscience qu'il joue un rôle dans la société, que l'impact de ses actes personnels a des effets sur un collectif. C'est pourquoi la multiplication des questions sur cette articulation de l'individuel et du collectif est parfaitement justifiée. Si la notion de responsabilité morale ne renvoyait qu'à la conscience individuelle, nous risquerions d'adhérer au culte de la performance et à l'idéologie de la compétition tous azimuts. Or cette idéologie est incompatible avec toute réflexion morale. Elle privilégie toujours l'intelligence par rapport au devoir et finit toujours par transformer ce dernier en pur calcul d'intérêt à long terme. Tel est d'ailleurs l'effet d'une vision anglo-saxonne et utilitariste de toute démarche éthique (*ethic pays*) qui s'adapte trop bien aux seules logiques d'un capitalisme triomphant.

La valeur d'un maître mot

Il ne faut donc pas penser que le maître mot tire sa valeur de sa seule fréquence. Un maître mot ne constitue pas un tic de langage, comme il en existe à tous moments, ainsi que le souligne avec humour Poirot-Delpech dans ses billets du *Monde*. La fréquence de l'usage ne constituerait qu'un argument de fait et se contenterait d'enregistrer des récurrences – comme on le dit des héros dans les séries télévisées ! Le maître mot a un usage normatif. Il sert d'argument et de référence. Ma démarche n'est pas sociologique en ce sens où elle ne se soucie pas d'analyser un usage social dans des sphères différentes. Mais elle doit tenir compte de l'évolution de la société et de la façon dont elle souhaite traduire, en des lieux et temps donnés, les tensions et les relations qui existent entre la conscience morale individuelle et des situations nouvelles auxquelles elle est confrontée.

Si la conscience morale est bien consubstantielle à toute humanité, son expression n'en est pas moins historique. Comme elle est historique, elle doit se débattre, d'un côté, avec ce qui est acceptable et concevable dans une société et, d'un autre côté, avec la façon dont toutes ses expressions sont affectées par l'histoire même des mots qu'elles emploient. On trouve rarement des mots tout neufs qui puissent être admis et compris par tous. La conscience morale utilise ce qui est déjà là. Elle ne peut être en rupture avec des usages. Elle ne construit pas des concepts, elle cherche à se les réapproprier. Le cheminement est difficile, car la morale ne redouble pas les mœurs. Le devoir n'enregistre pas les faits. La conscience morale doit se dépêtrer avec les mots, se débrouiller, c'est-à-dire les débrouiller.

C'est le problème essentiel que je souhaite traiter ici. La conscience se retrouve et se perd à la fois dans le mot de responsabilité. Elle s'y retrouve parce qu'il est parfaitement adapté aux situations nouvelles qui se présentent à elle. Elle peut aussi s'y perdre parce ce mot lui-même n'est pas issu d'une tradition morale, mais d'une généalogie juridique. Or pour se réapproprier un mot qui vient d'une autre sphère lexicale et rationnelle, il ne suffit pas d'en répéter le son. Le vocable né ailleurs, pensé ailleurs, toujours utilisé ailleurs est parasité par sa propre histoire et les représentations qu'elle engendre. Il ne suffit pas d'un coup d'État de la volonté, car le principe de responsabilité pose concrètement le problème difficile des relations entre le droit et la morale, entre le moral et le légal, ou l'immoral et l'illégal. Le code civil, dans ses développements et amendements successifs, a tellement marqué l'évolution de notre société et de notre économie qu'on ne s'en débarrasse pas d'un revers de la main. Il fait encore fonctionner notre monde quand un principe moral tente seulement de s'appliquer au monde. Il y faut beaucoup d'application. Et puis quand les mots sont les mêmes, il serait illusoire d'y voir des usages simplement contradictoires. Il existe des parentés qu'il faut retrouver dans des palinodies parfois désespérantes.

D'une certaine manière, le droit et la morale expriment l'état de notre liberté et de nos libertés dans des temps et lieux donnés. Le droit moderne est réellement soucieux de solidarité. Il tente de concilier les libertés individuelles et les solidarités qui se fondent sur des valeurs de la République.

Mais le droit n'est jamais indépendant de la justice et des procédures. L'invasion du juridisme anglo-saxon, avec son cortège de *lawyers* et de contentieux, modifie profondément l'insertion du droit dans notre société et va jusqu'à dévoyer les usages de la responsabilité.

C'est là le paradoxe qui régit aujourd'hui le principe de responsabilité. C'est un vieux principe juridique et c'est un nouveau principe moral. Mais, dans les deux cas, son usage est croissant qui se traduit par ses itérations dans les textes les plus communs, des journalistes aux hommes politiques, en passant par les pédagogues et les chefs d'entreprise. Cette double montée en puissance oblige à multiplier les distinctions, voire à pointer les contradictions. Ce n'est pas une tâche aisée. Elle nécessite certainement des exercices pratiques sur des textes et des déclarations. Elle rend utile, me semble-t-il, un décorticage des ingrédients propres à chaque champ, le champ juridique et le champ moral. Le principe moral de responsabilité doit s'extirper sans cesse de ce malentendu, comme le nouveau de l'ancien, avec cette difficulté spécifique : le principe juridique, pour ancien qu'il soit, connaît un succès lié aux pratiques judiciaires et à leurs conclusions jurisprudentielles. Il nous faut donc penser en même temps et parallèlement l'autonomie du principe moral émergent et le poids croissant d'une notion juridique qui menace les individus. Car si la vraie morale se moque de la morale, le droit positif se moque encore plus allégrement du vrai droit.

La communauté des mots

Le mot commun empêche de penser une pure et simple contradiction. Le mot commun suggère quelque communauté de pensée, en dépit des parasitages et des confusions. Formellement, la responsabilité signifie toujours le fait de « répondre de ses actes et de leurs conséquences ». Cette définition littérale est vraie du juridique comme du moral. Mais le fait de répondre suppose que, explicitement ou implicitement, quelqu'un ait posé une question. Ce quelqu'un, c'est *l'autre*. Il n'a pas le même statut dans le cas juridique et dans le cas moral. Il n'a ni le même statut ni la même définition, car les modalités de sa présence sont très différentes. D'un côté, le sujet répond sous la contrainte, acculé dans le prétoire, évalué par le juge, menacé d'une condamnation, susceptible de payer. L'autre, dans le cas juridique, c'est toujours celui qu'il faut dédommager en fonction d'une décision de justice. L'autre est une victime qui a subi un dommage. La logique est la même dans les usages plus communs marqués par l'acception juridique. C'est toujours le cas dans la réponse à la question « qui est responsable ? » qui nous vient directement du droit. L'autre, dans le cas moral, peut varier : ce peut être le malade pour le médecin, le citoyen pour l'élu, le client pour l'homme d'entreprise, l'élève pour l'enseignant. Mais surtout, dans le cas moral, il existe toujours plusieurs autres dont l'identification détermine précisément le contenu moral de l'action ou de la décision. L'homme d'entreprise peut être responsable devant ses salariés, ses clients, voire la société elle-même. Les variations de l'altérité vont de la simple qualité des produits ou prestations jusqu'à des dimensions ouvertement morales. La responsabilité morale n'est pas imposée par la loi, elle est le résultat d'un engagement conscient, d'une volonté qui envisage les différentes figures de l'altérité. Du côté juridique, les devoirs sont strictement déterminés par la loi ou le droit positif. Les procédures sont toujours rétroactives : on cherche la cause de ce qui a été un dommage. Du côté moral, l'engagement est toujours prospectif.

La communauté de mots explique que les acceptions juridique et morale se croisent nécessairement dans certaines procédures. Quand un fait est un méfait, quand un acte produit un dommage, quand une décision engendre des victimes, la justice peut se mettre en marche pour des procès « en responsabilité ». L'existence des victimes ne laisse pas indemne la responsabilité morale qui a été prise. Et même si la justice ne tranche que sur l'aspect juridique, les deux responsabilités sont en jeu en même temps. J'insisterai sur l'opposition entre l'essence négative de la responsabilité juridique et sur l'essence positive de la responsabilité morale. L'une est stable, car seul le négatif l'intéresse et la concerne. L'autre l'est moins, car l'engagement d'une responsabilité morale peut déboucher sur son contraire, négatif, qui n'est pas essentiel mais accidentel. Si je prends la tête d'une association, la direction d'une entreprise ou le pouvoir dans une mairie, je m'engage bien dans une responsabilité positive. Je veux bien faire, mais je peux aussi faire mal ou laisser faire mal. Ces erreurs ou fautes peuvent conduire jusqu'à une responsabilité juridique si le droit a été transgressé. De manière générale l'engagement dans une responsabilité morale se fait pour le meilleur et pour le pire. La volonté de répondre vaut dans les deux cas. Elle fonde d'ailleurs la responsabilité morale.

J'ai souvent cité l'exemple admirable de Pierre Guillaumat lors de l'affaire des avions renifleurs. Quand Pierre Péan révèle l'affaire, Pierre Guillaumat fait publier, quelques jours après, un communiqué sibyllin dans toute la presse sur le thème suivant : « J'étais le chef, donc le responsable et je ne tolérerai pas qu'un seul de mes subordonnés soit inquiété dans cette affaire. » Les poursuites judiciaires auraient pu mesurer la responsabilité juridique de Pierre Guillaumat dans le dol fait à Elf ou aux citoyens (Elf étant à l'époque une entreprise publique). Mais sa déclaration est une reconnaissance morale de sa responsabilité. Le positif rejoint le négatif qu'il croise nécessairement dans le jeu des échecs et réussites, erreurs et succès. Ainsi quand les affaires ont mis en cause les dirigeants corrompus des grands groupes des eaux, on a trouvé des personnes à condamner et des dédommagements à mettre en place. Il reste que jamais un dirigeant de ces grands groupes ne s'est levé pour faire une déclaration analogue à celle de Pierre Guillaumat : ils ont laissé jouer la responsabilité juridique sans jamais la combiner avec la responsabilité morale. Le droit permet cette schizophrénie que la notion morale de la responsabilité ne saurait tolérer.

Quand je travaillais sur « les affaires », j'ai vu de près, dans ces grands groupes, des dirigeants de filiales ou des directeurs régionaux vivre sans cesse sous la menace d'une poursuite. Leur angoisse était quotidienne. Ils savaient que tel concurrent venait d'être mis en examen et incarcéré. Mon tour viendra, se disaient-ils. Pourtant, dans leur groupe, la corruption active avait été élevée à la hauteur d'une stratégie d'entreprise. Ce n'était un mystère pour personne. C'était une conduite imposée par les politiques au nom de la corruption curieusement dite « passive ». Mais comme le droit pénal et le discours mitterrandien convergeaient pour faire davantage condamner l'entreprise que le politique, aucun patron de grand groupe ne voulut se comporter en responsable. La crainte du judiciaire avait anéanti tout principe moral.

Dans la procédure judiciaire, la contrainte constitue la responsabilité comme la capacité de dédommager et comme le devoir qu'impose le juge de dédommager soit civilement, soit pénalement, la victime ou la société. Dans les deux cas, il reste l'idée qu'il faut rendre des comptes. Autrement dit, l'individu n'agit jamais seul. Ses actes et ses décisions ont des effets qu'il faut évaluer en fonction des règles en vigueur pour le droit, ou des engagements pris pour la morale. C'est l'idée commune aux concepts moral et juridique de la responsabilité : aucun acte n'est solipsiste, aucun acte n'est isolé, aucun acte n'est innocent. La tentation de l'innocence n'est qu'un système de défense. A une époque où on insiste tant sur le progrès de l'individualisme, le droit et la morale disent le contraire. L'autre est toujours là comme élément essentiel de toute responsabilité. « Pas même l'enfant, seule la pierre est innocente », écrivait Hegel. L'innocence s'argumente mais elle n'existe plus. Faut-il le regretter comme une atteinte fondamentale à nos libertés ?

L'innocence pouvait se réfugier dans les causalités collectives ou psychanalytiques. Ce n'est pas ma faute, c'est la faute de la société, ou de ma petite enfance. L'argument de la défense restreint ou limite, voire annule la responsabilité de la personne individuelle. On nomme cela les circonstances atténuantes en droit, les déterminations sociales ailleurs. Elles existent et il serait absurde d'affirmer une liberté inconditionnée, c'est-à-dire absolue. Le droit a le mérite de se soucier des victimes, c'est-à-dire du malheur des hommes. Et c'est bien le point commun entre les deux acceptions juridique et morale. Elles évacuent respectivement de manière factuelle ou normative l'idée d'une liberté annulée par des déterminations de toutes sortes.

Cette notion de responsabilité, dans les deux cas, affirme ou postule un concept de la liberté humaine. Mais les procédures judiciaires tendent à l'atténuer, voire à la menacer tout en l'affirmant par principe. Plus précisément, elles ne l'affirment pas, elles refusent d'en tenir compte : la victime est là et doit être dédommagée, un point, c'est tout, comme si le responsable était libre. Ce n'est que pénalement que la liberté pourra être atténuée : la société peut comprendre les déterminations sociales, tandis que l'individu doit être civilement dédommagé par celui qui l'a endommagé, abstraction faite de toute détermination. L'intime conviction ne résiste pas à l'objectivité sonnante et trébuchante d'un dommage.

Objection

Mais n'est-il pas excessif, en parlant d'un maître mot, d'en déduire l'émergence d'un principe moral de responsabilité, et d'affirmer un principe nouveau qui ferait renaître la morale sur les décombres d'un discours qui n'osait plus s'assumer comme tel ?

Effectivement, les avatars du maître mot et ses multiples ambiguïtés comme ses variations sémantiques ne peuvent suffire à faire le constat d'un nouveau principe. Le constat empirique revient à confirmer l'existence d'un sens commun moral s'exprimant aujourd'hui dans le principe de responsabilité. Mais il est vrai qu'en même temps on dénonce de plus en plus l'irresponsabilité ou la non-responsabilité. La multiplication des affaires, qu'elles soient médicales, politiques, financières ou économiques, a mis en question la responsabilité des élites, c'est-à-dire de ceux qu'on nomme d'ordinaire les responsables dans notre société. Ces faits sont incontestables, mais ils viennent plutôt corroborer mon argumentation. La critique de la non-responsabilité provient de l'affirmation implicite du principe de responsabilité. Je ne prétends pas que les comportements d'aujourd'hui soient meilleurs que ceux d'hier. Je ne prétends nullement que la morale régit les rapports sociaux. Je pense seulement qu'on a d'une certaine manière déduit le principe de responsabilité d'une critique de l'état de choses existant. L'absence de tout discours moral dans l'espace public a produit des effets négatifs. La critique de ces effets passe par l'affirmation du principe de responsabilité. Ce principe n'est qu'émergent, c'est-à-dire qu'il ne sert pas encore à évaluer toutes pratiques ou à prendre toutes décisions. La consistance des débats auxquels j'ai pu participer, l'intérêt pour le thème de la responsabilité, le besoin de bien distinguer ses différents usages, la recherche d'une référence qui permette de donner une dimension morale à nos décisions et à nos actions me font penser que ce principe est déjà plus que simplement acceptable aujourd'hui. Il sera le principe moral des années à venir. Rien n'est donné, rien n'est acquis, rien n'est gagné. Mais le besoin se fait jour d'une « morale sans moralisme » (Domenach).

D'une certaine manière, on pourrait dire que le principe de responsabilité comme instance d'évaluation morale est le produit d'un désir. La conscience morale peut être désirante. Elle désire avoir les moyens de ses opérations, pour persévérer dans son être. La tradition kantienne relie davantage la morale à la volonté qu'au désir. Mais la raison pratique développe l'idée d'une faculté supérieure de désirer. En nos temps de turbulences, le principe de responsabilité résulte d'un désir supérieur qui trouve un objet satisfaisant.

Par ailleurs, mon approche de la morale s'appuie sur quelques concepts kantiens fondamentaux : *formalisme*, *universalité*, *conscience morale*, *devoir*, etc. Mais ces concepts restent chez Kant tout à fait anhistoriques. Ce qu'il écrit des *Fondements de la métaphysique des mœurs* se situe en dehors du temps et de l'espace. Les Grecs auraient pu – ou dû – le penser, autant que les générations qui leur sont postérieures. La notion même d'*impératif catégorique* supprime toutes conditions historiques, sociales, économiques ou politiques. Sa démarche est totalement logique puisque l'intention demeure la même, quelle que soit l'insertion de ses conséquences pratiques dans le monde effectif. Cette approche de la morale a le mérite d'éviter tous les procès en « ordre moral », puisque l'ordre du monde tel qu'il est n'est jamais pris en considération. Et d'une certaine manière, pour Kant lui-même, la vraie morale se moque de la morale.

La conscience morale, structurée par ses concepts fondamentaux – ce que Deleuze aimait nommer le « sens commun moral » chez Kant –, se confronte sans cesse au cours du monde pour trouver de nouvelles formulations. Ces dernières, pour être pertinentes, doivent solliciter la conscience, la titiller en fonction de l'état des choses. La conscience elle-même ne peut agir qu'avec des mots qu'elle comprend, qui sont en usage, qui font partie d'une langue commune. C'est à la fois une condition de possibilité de l'interrogation morale et une source d'ambiguïtés, car les mots pertinents peuvent relever d'univers sémantiques et opérationnels différents. Tel est le cas avec le mot de « responsabilité ». Pour en bien comprendre l'usage moral possible, comme principe nouveau, il nous faut d'abord en distinguer les usages juridiques et ceux qui en découlent dans nos raisonnements communs.

Intermède

La cuisine, comment son nom l'indiqua dès qu'il apparut, suppose la cuisson, donc le feu. Les premiers tâtonnements durent être plutôt rudes. On imagine la viande cramée, les poissons roussis à l'arête. Les expériences s'accumulèrent pour doser les flambées et le temps. De là vient peut-être l'expression *déguster*, qui dit la consommation dans le meilleur des cas et la souffrance dans le pire.

Mais il fallait le feu et les premières décoctions. Certains hommes, peut-être, s'en revinrent d'abord à la crudité et aux aliments ignifuges. D'autres gardèrent l'espoir d'un avenir meilleur et la flamme nécessaire pour des cuisines flamboyantes.

Les mots ont parfois cette histoire. Des flambages successifs nous les préparent pour ce jour. Mais il faut bien qu'ils naissent quelque part. Quelquefois ils attachent ou ils brûlent. Parfois, ils étouffent. Mais si l'on prend garde à bien les saisir et les faire revenir, le meilleur se mitonne.

La responsabilité est née pour restaurer, c'est-à-dire pour rétablir l'accidenté, pour lui rendre des forces, pour le dédommager. C'est un premier tâtonnement. Peut mieux faire.

3. La responsabilité d'un point de vue juridique

On ne saurait faire l'économie d'un séjour dans le droit pour bien comprendre la complexité du mot « responsabilité » dans notre société. Trois raisons principales y conduisent.

D'abord, la responsabilité est un concept qui n'a pas de tradition philosophique, mais bien une tradition juridique. C'est d'ailleurs l'ignorance traditionnelle du droit dans la philosophie française qui entraîne un silence quasi général des philosophes français sur la question de la responsabilité. Dans la culture française, les juristes ont été bien davantage philosophes du droit que les philosophes eux-mêmes. Notre enseignement secondaire porte la marque de ces mœurs culturelles puisqu'il ignore totalement le droit et fait comme si l'on pouvait être citoyen sans connaissance du droit, tout en affirmant que « nul n'est censé ignorer la loi ». J'ai pu constater, dans les classes préparatoires où j'enseigne (lycée Louis-le-Grand), que la simple distinction du civil et du pénal était totalement inconnue.

Et, pour avoir vu à l'œuvre de près de grands philosophes français dans des institutions très diverses – Collège international de philosophie, CNRS, Centre national des lettres, Corpus des œuvres philosophiques de langue française, etc. –, j'en suis venu à penser que cette ignorance du droit n'était pas seulement ignorance du droit positif (textes des grands codes juridiques, législations diverses), mais des questions de droit en général dans les pratiques courantes.

La tradition juridique de la responsabilité la fait donc écarter de la réflexion philosophique en général. C'est, je pense, une des explications au fait que André Comte-Sponville ignore la responsabilité dans son *Petit Traité des grandes vertus*. Michel Serres évoque bien le droit dans son *Contrat naturel*, puisque le titre même de ce beau livre est de nature juridique, mais il ne s'agit pas de droit positif. C'est certainement la tradition issue des travaux de Michel Foucault (voir François Ewald et son *État-providence*) qui a le plus investi le droit, de façon essentiellement critique.

La deuxième raison de ce séjour nécessaire dans l'acception juridique de la responsabilité concerne l'impact même du droit dans notre langue commune. Le mot *responsabilité* ne sort pas de deux siècles de tradition juridique sans en être fortement affecté. Dans de nombreux usages, le mot n'a aucune connotation morale positive, mais renvoie uniquement à une extension de ses principales caractéristiques juridiques. Dans la mesure où le droit se combine avec l'antique tradition du bouc émissaire, la langue s'imprègne d'une acception qui fait fuir ou déserter la responsabilité. La fameuse question *qui est responsable ?* en est le symptôme le plus voyant. En fait, on peut trouver trace et imprégnation de la tradition juridique du mot chaque fois qu'un responsable est *recherché*. Autrement dit, chaque fois qu'on veut le *faire payer*.

La troisième raison, sur laquelle je reviendrai longuement, réside dans l'extension présente de la responsabilité juridique dans tous les secteurs de la vie économique, politique et sociale. En effet, parallèlement à l'émergence du principe moral de responsabilité – qui est une idée neuve –, les procédures judiciaires envahissent nos sociétés développées et la responsabilité en est le concept principal. Le cas américain n'est plus isolé. Il a gagné l'Europe et se propage à grande vitesse.

Ces trois raisons contribuent à rendre confus le maître mot du discours moral aujourd'hui. On perçoit le grand écart de ses usages si on oppose la question *qui est responsable ?* (tradition juridique) à l'impératif *sois responsable !* (émergence morale). La recherche du fuyard s'oppose à l'impératif pédagogique, alors que le même mot est employé dans les deux cas. Ce n'est pas un jeu de mots. C'est le jeu des mots quand ils se développent dans des corpus différents sur des lignes divergentes et que, dans le même temps, ils sont susceptibles de croisements effectifs.

Le droit négatif

Le droit de la responsabilité est avant tout marqué par les célèbres définitions du code civil. Certes dans les textes de droit positif il est question de responsabilité, mais c'est dans la forme même du code civil que s'inscrit le caractère définitivement négatif du mot *responsabilité* dans ses usages juridiques et judiciaires. Par nature, le code civil et le code pénal ne donnent pas la même importance à la notion de responsabilité dans la mesure où l'autre n'y a pas du tout le même statut. L'opprobre qui est liée au pénal vient du fait que toute la société est impliquée dans une condamnation ; il ne s'agit pas d'une simple réparation envers une personne physique ou morale, mais envers toute la société.

Le texte du code civil est très clair quant au sens même de la responsabilité : « *Chacun est responsable du dommage qu'il a causé non seulement par son fait, mais encore par sa négligence ou par son imprudence.* » « *On est responsable non seulement du dommage que l'on cause par son propre fait, mais encore de celui qui est causé par le fait de person-*

nes dont on doit répondre, ou de choses qu'on a sous sa garde » (art. 1383/1384).

La responsabilité ne concerne donc, dans le droit positif, que des actes négatifs, que des dommages causé et subis, que des victimes engendrées par des actes. L'autre est toujours lésé, endommagé. Jamais le droit n'utilise le mot de responsabilité pour un acte positif, profitable à autrui. Certes, le droit reprend bien l'étymologie du mot responsabilité : il s'agit de répondre de ses actes et de leurs conséquences face à autrui. Mais l'homme ne répond que d'un mal qu'il a causé.

Le principe fondateur de la responsabilité civile ne peut être critiqué. C'est un principe de solidarité. La liberté des hommes, consacrée par le droit, s'arrête là où commence celle d'autrui. Les empiétements qui causent des dommages doivent être réparés. Aucun homme ne doit rester seul dans son malheur. Aucun homme ne doit subir un dommage sans être dédommagé. Le droit et la justice sont là pour se substituer à la vengeance, comme la civilisation se substitue à la loi de la jungle. On ne peut se faire justice soi-même. La vengeance est toujours une ré-action. Le personnage B qui a été lésé par le personnage A évalue lui-même son dommage et la peine qui en découle. Le droit fait intervenir un tiers, neutre, qui procède aux deux évaluations, en fonction de textes écrits que nul n'est censé ignorer. Les règles connues de tous disent ce qui est permis, ce qui est interdit et la façon dont on réprime les transgressions aux interdits. Et s'il est inutile que la société intervienne dans tous les cas (code pénal), il est nécessaire que le juge soit là pour proscrire la vengeance et en même temps assurer réparation.

Pour prendre la mesure du droit civil et de son utilité, il suffit de comprendre l'importance de la vengeance au cœur des pulsions humaines. La vengeance a la dent dure, mais aussi la vie dure. C'est un ressort très puissant des actions humaines. On comprend donc que maintes fictions en fassent leur ressort dramatique. Du *Comte de Monte-Cristo* à *Il était une fois dans l'Ouest* en passant par le terrible *Vieux Fusil*, nous lisons et voyons des actions de vengeance qui font éprouver du plaisir au lecteur et au voyeur. Il n'est pas admis en effet qu'on prenne plaisir à voir souffrir autrui, sauf s'il s'agit d'une compensation, d'une réaction ou d'une punition. Je me souviens avoir emmené mes enfants alors petits voir *Superman II*. Au cours du film, Superman, amoureux, perd ses moyens ; il entre dans un café et se fait « casser la figure » par un cow-boy de bistrot vêtu d'une chemise à carreaux. Remis de son impuissance, Superman boute en dehors de la terre les envahisseurs intersidéraux et sauve l'Oncle Sam. Le film pourrait s'achever là. Mais le réalisateur imagine une dernière scène. Tout est fini quand Superman retourne dans le même café : il avise le cow-boy de bistrot avec sa chemise à carreaux reconnaissable. Alors, dans le Grand Rex, on entend monter un soupir de plaisir de tous les enfants qui n'attendent qu'une seule chose : voir l'homme en question se faire écrabouiller par Superman. Ce fut chose faite et les enfants sortirent très ravis de cette fin heureuse. La vengeance correspond donc si bien à nos pulsions les plus archaïques qu'il nous faut bien le droit positif et ses principes de solidarité pour échapper au plaisir de faire payer et de se faire justice soi-même. Il faut néanmoins ne pas trop se faire d'illusions : si aucune vengeance ne peut aujourd'hui être dite juste, il n'est pas certain que, avec le juridisme galopant, la justice ne devienne pas quelquefois une vengeance.

En combinant ce désir du droit et cette exigence de solidarité, on a poussé la notion juridique de la responsabilité très loin dans cette même direction. On amorça ainsi le grand débat sur les fondements de la responsabilité. Si l'on garde comme principe qu'une victime ne doit jamais être laissée seule dans son malheur et qu'elle doit toujours être dédommagée, il reste des cas où une victime a subi un dommage et où personne n'a réellement commis de faute. De ce fait, il faut trouver une autre méthode pour faire payer quelqu'un. Le dommage est là, comme effet. Le dédommagement exige qu'on puisse lui assigner une cause. Même si la cause n'a pas commis de faute, c'est-à-dire n'a pas produit de dommages de façon consciente ou volontaire, elle a pu commettre une imprudence. L'imprudence n'est pas nécessairement un défaut de prudence : à la limite, la cause, dès qu'elle est dite telle, peut être liée à une autre forme de causalité. Ainsi le pot de fleurs ou l'enfant appartiennent bien à une personne physique ou à une famille. Si ces dernières n'avaient eu ni pot de fleurs ni enfant, aucune autre personne physique n'aurait été endommagée par ceux-ci. Par ailleurs, quand une anesthésie effectuée à l'hôpital a des effets dommageables, même si le médecin n'a commis aucune faute, on pourra toujours raisonner en affirmant : sans cette anesthésie et sans cet hôpital ces effets n'auraient pas eu lieu. Tout l'art judiciaire consiste en général à remonter à des causes solvables...

La jurisprudence s'est de plus en plus engagée dans cette voie, avec le développement d'une responsabilité sans faute qui aboutit à fonder la responsabilité sur le risque. Ce grand débat entre juristes fut de nature philosophique, même si les philosophes en furent très absents. Ses résultats ont marqué notre siècle à tous points de vue : économique, social, moral et politique. On ne mesure jamais assez en France l'impact du droit sur toute la société. La puissance économique du secteur des assurances – aujourd'hui allié à la banque – s'explique en grande partie par cette extension de la responsabilité juridique.

Pourtant quand le risque devient un fondement de la responsabilité, ce point de droit vient contredire l'idéologie libérale elle-même. Mieux vaut en effet ne pas agir plutôt que de risquer de payer. Plus la prise de risque coûte cher, plus l'initiative est menacée.

Il faut remarquer, en passant, toute l'ambiguïté qui régit aussi le vocabulaire du risque. On confond, notamment dans le langage des assurances, les mots de danger et de risque. La langue française est pourtant assez claire sur ce point puisqu'elle dispose d'un verbe pour l'un (« risquer »), mais pas pour l'autre (« danger »). Le danger est quelque chose d'objectif : attention, danger ! Le risque correspond à une activité. Aussi le risque ne peut-il s'assimiler à l'insécurité. Ceci se perçoit bien dans les différentes dimensions axiologiques de la sécurité elle-même. Rousseau a montré, de façon définitive, dans le *Contrat social*, l'antinomie qui existe entre la liberté et la sécurité : nous avons à faire en permanence à des processus d'échanges. Chaque sécurité implique l'abandon d'un peu de liberté. La sécurité naturellement ceinture, comme on le dit dans l'automobile : les normes, les contraintes constituent toujours des limitations de la liberté. Cet échange peut être un échange de dupes, car, parvenue à sa limite maximale, la sécurité tue la sécurité même et c'est, selon Rousseau, l'état tyrannique ou ce qu'on nommerait aujourd'hui l'état policier dans lequel l'insécurité est totale – est-ce le laitier qui sonne à six heures du matin ? La sécurité cesse d'être une valeur dès lors qu'on l'oppose au risque qui est l'épreuve de la liberté humaine, qui est un engagement, une démarche qui produit le pouvoir, le profit et la reconnaissance. Comme l'écrivait Jaurès : « Dirige celui qui risque ce que les dirigés ne veulent pas risquer. »

D'une certaine manière cette extension du fondement de la responsabilité tend à limiter les risques pris par l'individu et donc à en accroître le prix. La notion de risque est évidemment un ingrédient du concept de responsabilité sur lequel nous reviendrons. Les adversaires de cette extension auraient eu raison s'il n'y avait eu la croissance parallèle du secteur des assurances. Car ces dernières ont fait leur miel de cette extension. Si les assurances ont acquis le poids économique qu'on leur connaît, si elles ont une position dominante sur les marchés financiers, si elles ont tant investi dans l'immobilier ou dans le capital des sociétés industrielles, c'est grâce à cette disposition juridique. Même si elles ne sauraient couvrir la responsabilité pénale comme elles le font de la responsabilité civile, elles ont créé dans les esprits des manières de raisonner qui sont positives en ce qu'elles permettent d'agir malgré les risques qu'entraîne toute action qui fait de nous des causes potentielles de dommages. Mais ces manières de raisonner peuvent être aussi négatives en ce qu'elles tendent à pervertir le sens moral de la responsabilité. La responsabilité devient une notion comptable qui se calque sur les pratiques courantes du droit et des décisions judiciaires. Le droit et la justice peuvent d'ailleurs s'effacer progressivement derrière les accords que passent entre elles les compagnies d'assurances pour évaluer les dédommagements nécessaires.

Dans ce jeu du droit, de la justice et des assurances, le responsable se réduit à un concept très éloigné de la responsabilité morale. Le responsable, c'est celui qui doit payer, auquel se substitue la compagnie d'assurances. Le responsable peut ainsi également se sentir exonéré de toute responsabilité par le fait de ne pas payer lui-même.

Les ingrédients du concept juridique

Les ingrédients du concept juridique de la responsabilité sont donc les suivants : la causalité (abstraction faite de la faute), la nature négative de l'acte ou de ses conséquences, l'autre (comme victime), à quoi s'ajoutent trois éléments plus périphériques : la relation au passé, l'indemnisation et la contrainte.

La *causalité* est un ingrédient commun à tous les usages du concept de responsabilité. L'homme est considéré comme cause ou comme point de départ d'une série causale. Il peut n'être pas la seule cause, mais il a alors une part de responsabilité. Dans l'usage juridique la cause peut n'être pas consciente ni directe. La propriété d'un objet, d'un animal ou la tutelle d'autres personnes peuvent suffire à être qualifié de cause.

La nature négative de l'acte est la condition même d'une prise en compte par le droit et la justice. C'est en ce sens que le langage commun reprend souvent, dans des usages répétitifs, l'acception juridique de la responsabilité. Mais cette nature de l'acte n'est pas commune à tous les usages du concept de responsabilité. Dans le cas de la responsabilité morale, la qualité de l'acte n'est pas précisée ; elle est neutre par nature.

L'autre est une notion commune à tout usage du concept de responsabilité. Le fait de « répondre » implique que quelqu'un, explicitement ou implicitement, a posé une question. La présence de l'altérité caractérise de façon singulière et originale ce concept. Elle lui donne sa dimension morale mais reste bien présente dans l'acception juridique. La différence essentielle, liée à la nature de l'acte susdite, réside dans le fait que l'autre est toujours une victime qui a subi un dommage. Il s'agit donc ici d'une altérité un peu particulière, une *altérité toujours altérée*.

Les éléments périphériques sont intéressants en ce qu'ils seront systématiquement opposables aux ingrédients du concept moral de la responsabilité.

La relation au passé est très présente dans l'usage juridique ou dans ses extensions au langage commun. La question de la responsabilité civile ou pénale n'est toujours posée qu'après les actes dans un cadre judiciaire ou dans le cadre d'une accusation publique. La question *qui est responsable ?* telle que nous l'évoquions signifie toujours : qui *a été* la cause de ce dommage ? Il faut imputer une faute, rechercher une cause, débusquer un responsable, en quelque temps antérieur.

L'indemnisation peut être réelle, financière ou symbolique. Elle constitue une forme quantitative d'évaluation de la responsabilité. Dans la pratique du droit et notamment du droit des assurances, l'indemnisation est la forme visible de la responsabilité. Quand on dit que le responsable doit, ce devoir est toujours une dette et non un devoir moral. Le concept moral enveloppe la notion de devoir, quand le concept juridique s'occupe des dettes, c'est-à-dire de la réparation. Faire payer et combien constituent le but de tout recours en responsabilité.

Enfin, *la contrainte* fait partie intégrante de l'usage juridique et surtout judiciaire. Le responsable doit répondre de ses actes. Il est accusé. Il voudrait bien ne pas répondre, mais on le contraint à répondre. Tout se joue dans le prétoire judiciaire ou dans le prétoire médiatique. On verra qu'à l'inverse le principe moral de la responsabilité insiste sur la volonté de répondre de ses actes qui constitue une sorte d'engagement. On n'attend pas l'accusateur pour agir et parler. On n'attend pas le juge pour vouloir répondre.

L'étymologie du mot responsabilité situe bien dans le langage le caractère singulier de ce concept. Répondre est une parole. Le prétoire est un lieu de paroles dans lequel on discourt sur les actes passés. L'origine juridique du concept n'a donc rien pour étonner. Répondre est une parole qui commente des actes et leurs conséquences. Ce commentaire est forcé et il s'inscrit dans une codification précise qu'ont élaborée les textes du droit positif et de la jurisprudence.

Mais le commentaire qui exprime cette relation au passé entraîne de nouvelles relations avec les actions futures, les discours futurs et le futur en général. La responsabilité juridique ne joue qu'au futur antérieur, mais elle conduit à conditionner un certain nombre de comportements. Ce sont surtout dans ces anticipations que se trouvent la plupart des perversions propres à cette acception juridique. En effet, on peut très bien admettre la nécessité d'une notion déterminante pour la solidarité et la justice d'une société, tout en en repérant les conséquences négatives. Ces dernières ne sont d'ailleurs pas spécifiques aux usages juridiques eux-mêmes, mais caractérisent plutôt les comportements communs qu'induit l'usage commun marqué par l'usage juridique. Il est fréquent de constater que le moral n'est pas légal ou que le légal n'est pas moral. Mais il ne s'agit pas ici de simples différences ou distances entre le droit et la morale. Le droit et la pratique du droit produisent des conséquences contraires à la morale elle-même, dans des opérations qu'elle peine à maîtriser.

Ces conséquences sont très négatives car elles perturbent les comportements et parasitent partiellement l'émergence du principe moral de responsabilité qui s'oppose à une conception si vile de la responsabilité.

Intermède

D'invention magique qui fait vibrer les sens, la cuisine est devenue une piètre métaphore : des arrangements secrets, des magouilles inavouables, des charcutages divers. La cuisine évoque même de pires pratiques : cuisiner, c'est torturer, mettre sur le grill.

Dans ces usages péjoratifs, que désigne-t-on ? L'acte qui transforme les produits ou la pièce dans laquelle tout se joue en cachette ?

Certainement les deux qui désignent le secret, l'opacité et les lieux dans lesquels ça s'ourdit.

Toutes les cuisines ne sont pas bonnes ni recommandables. La langue ne s'y trompe pas. Il faut bien manger pour vivre, même sans manger bien.

Il en est ainsi des concepts et des maîtres mots. Derrière leurs façades, se préparent des décoctions mal maîtrisées, des effets imprévus. La cuisine doit procurer du plaisir, mais pour survivre, on peut l'accepter telle qu'elle est. Alors on oublie le plaisir en gardant le mot.

La responsabilité mal préparée, mal cuite, mal digérée induit aussi son propre contraire.

4. Les perversions d'une responsabilité si vile

Quel que soit le bien qu'on puisse penser des progrès du droit positif et de son souci éminent de solidarité, il nous faut maintenant relever les perversions qui sont induites à la fois par le droit de la responsabilité, l'invasion du juridisme anglo-saxon et les raisonnements plus communs qui sont les effets du droit positif, de la jurisprudence et des procédures judiciaires. Ces perversions ne concernent pas le droit en lui-même, mais davantage la manière nouvelle dont nous pouvons envisager le principe moral de responsabilité. Elles viennent percuter les fondements et les conséquences de ce principe en le rendant confus, voire inintelligible, pour la plupart des hommes.

J'ai dénombré six perversions essentielles qui pourraient être détaillées davantage : *le désir d'inaction*, *la crainte de la sanction*, *l'oubli de la morale*, *l'incapacité à penser l'accident*, *la défausse sur des causalités abstraites* et enfin *l'obsession de la définition*. Ces six perversions ont un point commun : elles font apparaître des contradictions flagrantes entre les deux concepts de la responsabilité juridique et de la responsabilité morale.

Ces six perversions seront illustrées par une fable qui montre ces contradictions, quand l'argumentation les démontre.

Le désir d'inaction

Dans le grand débat qui concernait l'élargissement du fondement de la responsabilité civile de la faute au risque, les contempteurs de cet élargissement avaient prévenu : si le risque fonde la responsabilité, les hommes seront retenus d'agir pour éviter d'être responsables. Cette notion de risque est d'ailleurs un point discriminant entre les acceptions juridique et morale. En effet, la prise de responsabilité enveloppe le concept de risque comme un moment essentiel en tant qu'il est précisément l'épreuve de notre liberté. Mais l'élargissement juridique lui donne une autre dimension. Autant la responsabilité morale pousse à prendre des risques, autant la législation sur la responsabilité civile retient d'en prendre.

La conscience d'une faute est une conscience relativement claire. La conscience d'un risque est une conscience obscure. Le plus sûr moyen d'être tranquille reste de ne pas agir. Si nous n'avons ni pots de fleurs sur le balcon, ni animaux domestiques, ni enfants, nous ne courons ni le risque de voir une tornade éjecter le premier sur un passant, ni le risque d'un animal affolé qui mordille le voisin de palier, ni le risque d'enfants qui se disputent dans une cour de récréation et déchirent l'anorak de leur camarade. Ces exemples sont anecdotiques dans la mesure où ils peuvent aujourd'hui être couverts par une assurance, mais certaines professions sont très affectées par ces menaces.

Cette notion de responsabilité sans faute est en train de perturber tous les comportements des professions médicales et paramédicales. Seule la non-assistance à personne en danger constitue une limite à l'inaction. Mais il est toujours plus difficile de prouver la responsabilité d'une inaction que la responsabilité d'une action. L'inhibition se condamne moins que l'action entreprise. Le chirurgien et l'anesthésiste commencent à être hantés par le syndrome américain. Le médecin généraliste lui-même préfère se défausser sur un spécialiste qui, par prudence, enverra aux urgences à l'hôpital. On multipliera les analyses biologiques, les radios, les scanners ou les Irm. Cette perversion de la responsabilité juridique est un des éléments qui expliquent l'excès d'actes médicaux.

On retrouve ce même syndrome dans l'Éducation nationale. Des réglementations stupides, plus dans leur esprit que dans leur lettre, retiennent d'agir et brident les libertés et les initiatives. Le proviseur de lycée ou le principal de collège seront toujours plus tranquilles en interdisant les sorties de classe et les initiatives pédagogiques qu'en y incitant. Quand nous emmenons avec des collègues nos élèves travailler à la campagne, nous avons des finalités pédagogiques très claires et explicites. Mais le chef d'établissement songe déjà aux plaintes éventuelles des familles, aux accidents possibles dans l'exercice de la cuisine ou des activités sportives, aux relations sexuelles éventuelles qui pourraient s'y produire au grand dam des familles. Le plus simple pour lui consiste à interdire tout stage, tout voyage, tout déplacement hors du lycée. Aussi rencontre-t-on dans certains milieux de véritables obsessionnels de la responsabilité qui contredisent toute notion de responsabilité positive. Toute initiative en matière de responsabilité morale ou pédagogique est subversive et la perturbation de l'ordre existant constitue un risque que l'on hésite à prendre tant cette dimension de la responsabilité est peu valorisée par les hiérarchies existantes.

Il suffit que quelques affaires connaissent de la publicité pour que chacun s'affole : la promenade dans le Drac, le panier de basket meurtrier, l'autobus scolaire immobilisé sur une voie de chemin de fer constituent des affaires prestement mélangées dans les esprits. Les réglementations improvisées par les politiques veulent montrer qu'ils font quelque chose et elles vont irréversiblement dans le même sens : multiplier les contraintes, accroître les contrôles, détailler à l'infini les définitions de responsabilité. Elles ont irréversiblement les mêmes effets : dissuader d'agir. Plus on ira dans ce sens, plus il faudra de courage pour prendre une responsabilité morale.

Le concept du risque est un concept discriminant entre les acceptions juridique et morale de la responsabilité. Il n'existe pas de responsabilité morale sans risque, tandis que le droit tend à condamner le risque s'il tourne mal.

La crainte de la sanction

La crainte de la sanction est une pathologie typiquement juridique puisque le droit connaît mieux la punition que la récompense et s'intéresse davantage aux méfaits qu'aux bienfaits. La crainte de la sanction modifie les comportements, car elle passe avant le souci de l'autre et contredit par là toute notion de responsabilité morale.

Pour expliquer ce fait, je partirai d'une anecdote et d'une fable. J'étais récemment convié à conclure une convention de chefs d'entreprise convoquée autour du thème suivant : « Responsabilité du chef d'entreprise et accidents du travail ». J'assistais à leurs travaux pour bien adapter mon propos final. Durant deux jours le questionnement des chefs d'entreprise et les réponses de différents interlocuteurs (inspection du Travail, syndicats, encadrement) n'eurent qu'un objet : *combien ça coûte ?* Autrement dit, le seul souci était d'ordre pénal. Le thème formulé avec précision aurait dû être : « responsabilité pénale du chef d'entreprise et accidents du travail ». Mais il semblait aller de soi que ce ne pouvait être que le seul contenu de l'énoncé proposé : la responsabilité était pénale ou n'était pas. Jamais ne furent évoqués des corps meurtris ou des familles endeuillées. L'autre n'existait plus que sous la forme du juge et de ses décisions. L'autre n'était jamais l'accidenté.

C'est là une perversion fondamentale de l'acception juridique de la responsabilité. Elle se rencontre dans maints raisonnements qui nous habitent sans que nous ne nous en rendions plus compte. Nous oublions l'autre pour ne pas nous oublier nous. C'est une contradiction flagrante avec l'acception morale de la responsabilité. Elle montre en même temps très bien à quel point l'identification de l'autre est consubstantielle à la responsabilité morale elle-même. C'est pourquoi la définition strictement formelle et littérale de la responsabilité à partir de sa seule étymologie ne saurait jamais suffire à donner un contenu au principe moral de responsabilité.

En fait, cette crainte de la sanction revient à supprimer le concept moral du devoir. Elle relève parfaitement de l'usage utilitariste de ce concept. Le devoir n'est plus alors qu'un calcul d'intérêt à long terme. Sans doute est-ce bien là le rôle de la loi qui ne doit jamais être trop optimiste sur les comportements individuels. Mais d'une certaine manière le droit positif, en se fondant sur une méfiance compréhensible vis-à-vis des comportements individuels, tend à accroître encore le fossé entre les deux acceptions de la responsabilité. Agir par crainte d'une sanction n'a aucune dimension morale, même si cette détermination a une utilité sociale. C'est une leçon qu'il nous faut retenir dans toute éducation. Si nous élevons nos enfants dans ces seuls principes, il leur suffira de se croire ou de se savoir au-dessus des lois pour agir mal.

La loi est nécessaire, mais elle ne saurait fonder le raisonnement pédagogique. Encore le pourrait-elle si l'on revenait à ses fondements pour les expliquer et les développer, mais le plus souvent on s'intéresse davantage à ses conséquences, c'est-à-dire aux répressions qu'elle met en œuvre à travers la justice, qu'aux principes louables qui la fondent et rejoignent en général la plupart de nos principes d'ordre moral. Si l'on veut assurer l'intelligence du principe moral de responsabilité, il ne faut jamais oublier de raisonner en fonction des principes et non en fonction des conséquences.

J'ai vu de près l'antagonisme de ces raisonnements à l'échelle des décideurs politiques. Je dirai même que j'ai tendance à distinguer deux types de décideurs politiques. Face à une décision de financement partiale qui relève du favoritisme par exemple, deux attitudes sont possibles. Soit l'homme politique est convaincu par la référence aux principes : il n'est pas bien d'agir ainsi et de favoriser un proche, car les effets d'une telle action sont contradictoires avec le sens même de l'action publique. Soit il n'est convaincu que par la référence aux sanctions possibles : attention, *Le Canard enchaîné* pourrait bien sortir cette affaire et alors… !!

La crainte de la sanction dépasse le clivage entre responsabilité morale et responsabilité politique. Elle joue un rôle essentiel dans le fonctionnement de nos institutions et de notre société, c'est aussi vrai du code de la route que de la fraude fiscale. On lui reconnaît même un rôle pédagogique dans la mesure où elle contraint à des comportements que, par habitude, on finira par intérioriser. Mais elle renvoie directement à l'exemple du commerçant donné par Kant.

Ce célèbre exemple est fondamental pour bien distinguer le devoir comme concept moral et le devoir comme simple calcul d'intérêt à long terme. Dans ce second cas, le concept de devoir s'annule lui-même pour se réduire à une bonne intelligence des choses. L'acte qui n'a pour but que de fidéliser sa clientèle est un acte intelligent et non moral.

La crainte de la sanction fait perdre tout contenu moral à nos actions et nous déshabitue d'en donner un quelconque. On dira qu'elle est réaliste et c'est vrai. Pour éviter les dommages causés à autrui peut-être faut-il en passer par là. Mais je ne crois pas que ce soit une bonne pédagogie que de toujours faire oublier autrui pour y faire penser. Ce ne peut être en tout cas l'orientation d'une morale de la responsabilité. Il n'est même pas certain que ce soit un principe d'efficacité : en ne sollicitant nullement la conscience morale, la crainte de la sanction n'a d'efficacité que ponctuelle, dans des cas précis et codifiés, notamment dans les cas où l'on risque de se faire prendre. C'est le fameux exemple que donne Platon avec l'anneau de Gygès qui pouvait rendre invisible : pour agir moralement, il nous faudrait presque toujours penser que nous ne sommes pas vus par les autres, c'est-à-dire que nous ne pouvons être punis par les autres.

Les assurances ou l'oubli de l'autre

Depuis que le fondement de la responsabilité a été élargi de la faute au risque, les assurances ont évidemment fait leur miel de cette extension. Il est probable que, sans leur intervention, nous ne pourrions plus agir du tout. En effet, pour empêcher que chacun ne cède à la tentation de l'inaction, les assurances ont proposé de nombreux produits qui protègent l'action. A tel point que, quand nous conduisons notre enfant à l'école en début d'année, dès les premiers contacts les associations de parents d'élèves font leur promotion sur l'assurance qu'enveloppe l'adhésion à leur organisation : « si vous êtes des parents responsables, assurez-vous sur la responsabilité ». Dans cette formulation, on confond rapidement deux acceptions du concept de responsabilité : l'une est morale et concerne la décision de s'assurer ; l'autre est juridique et concerne l'objet de l'assurance, la responsabilité civile.

Mais pour mieux montrer la différence entre les deux acceptions, observons une situation dans laquelle nous nous trouvons parfois. Supposons qu'au sortir de notre parking nous soyons distraits et que nous percutions violemment un véhicule de passage sur la voie publique. Nous le détruisons, sans dommage corporel. Nous rentrons chez nous et racontons l'incident à notre conjoint, compagnon ou pacs. Une question immédiate nous est posée, claire et quasi mécanique : *mon chéri, es-tu bien assuré au moins ?* Dès que la réponse est positive, on passe à autre chose. Autrement dit, le dommage causé à autrui n'a plus aucune importance. Peut-être le chauffeur de l'autre véhicule ne pourra-t-il se rendre à son travail le lendemain ou partir en famille en week-end. Ces conséquences nous indiffèrent. A strictement parler, les conséquences sur autrui ne sont même pas envisagées. Une assurance paye et c'est tout.

On ne s'assure pas sur la responsabilité morale : voilà un des symptômes essentiels de la différence entre la responsabilité juridique et la responsabilité morale. Le dédommagement effectif et financier n'a rien à voir avec la responsabilité morale. Mais le système des assurances peut nous amener à raisonner sans cesse en oubliant l'autre.

Pour en rester sur des faits négatifs, susceptibles d'être à la fois concernés par les deux types de responsabilités, deux affaires terribles s'imposent : le sang contaminé et les hormones de croissance contaminées. Dans l'un et l'autre cas, des dédommagements ont été effectués et pourtant les victimes n'ont pas été satisfaites de la simple procédure civile. Faut-il voir en leurs attitudes un acharnement ou l'expression de souffrances vengeresses ? L'assurance dé-moralise. C'est pourquoi les poursuites pénales tendent à se substituer à de simples procédures civiles. Le sens de cet excès est assez clair : c'est une exigence de responsabilité.

Pour avoir suivi de près le drame des enfants morts de la maladie de Creutzfeld-Jakob (prion de la vache folle), et le combat de leurs proches à travers l'association des parents de victimes, je puis assurer qu'il ne s'agit pas d'un ressentiment rancunier. Leur slogan « plus jamais ça » signifie simplement qu'on ne pardonne pas à ceux qui ne demandent pas pardon, comme le disait déjà Jankélévitch à propos des Allemands. Les victimes ne supportent pas que les coupables ne se sentent pas responsables ou n'avouent aucune responsabilité morale.

Que s'est-il passé dans cette affaire ? Elle est significative, car on y constate un étonnant entrelacs des responsabilités. Les Français ont inventé un remède contre le nanisme. Il s'agissait d'ampoules fabriquées à partir d'hypophyses prélevées sur des cadavres. Comme d'habitude, l'objectif de lutte contre le nanisme fut étendu à des cas beaucoup moins graves au point qu'on en fit un remède contre les tailles jugées insuffisantes. On étaya ce marché sur des arguments de normalité très contestables. Une affiche qui ne le fut pas moins proposait le slogan suivant : « Plutôt une consultation de plus que dix centimètres de moins. » Le marché croissant, on se mit à faire n'importe quoi pour fabriquer les ampoules. Les lieux dans lesquels les hypophyses étaient les plus accessibles étaient évidemment les morgues ou les amphithéâtres dans lesquels les crânes étaient déjà fracassés du fait de maladies cérébrales. La collecte s'étendit en Bulgarie et en Roumanie. Une première alerte vint des États-Unis : au bout de trois cas de MCJ, les Américains arrêtèrent toute diffusion des ampoules en attendant la fabrication d'hormones de croissance synthétiques. En France, il fallut attendre trois ans après la décision américaine. Environ neuf cents enfants furent contaminés. Près de soixante-dix sont déjà morts dans d'atroces souffrances.

L'affaire étant en cours d'instruction, il est difficile d'en dire beaucoup plus sur les faits, mais d'ores et déjà apparaissent des responsabilités multiples : dans le discours de normalisation, dans l'offre faite aux parents, dans l'incroyable accumulation d'imprudences, dans les probables détournements d'argent, dans la diffusion de produits qu'on savait dangereux, dans l'absence d'informations. Ce silence a fait soigner des enfants pour des troubles psychologiques, et certains ont eu le sentiment d'avoir été torturés par des psychanalystes ignorant totalement l'origine physique de leurs déséquilibres. Mais en même temps, Francine Delbrel, dans son livre *Pour Bénédicte*, raconte l'extraordinaire sens de la responsabilité d'infirmiers et de médecins qui ont accompagné les dernières souffrances de sa fille alors qu'ils étaient tout à fait étrangers à tout ce qui allait la faire mourir.

Quand le professeur Job, principal protagoniste mis en examen, publie un manuel sur la croissance des enfants alors que l'instruction est en cours, les parents des victimes ont le sentiment que la notion même de responsabilité morale est totalement absente des procédures. Le dédommagement ne suffit pas. Dans les cas du sang et des hormones, les assurances ont payé.

La responsabilité morale ne peut consister à répondre seulement devant les tribunaux. Le dédommagement civil est une chose. La poursuite pénale en est une autre. On regrette souvent l'abus du recours au pénal dans notre société, mais il faut bien voir que ce recours est souvent l'effet d'une carence dans la responsabilité morale. Il est vrai que la contrition ne constitue pas le parangon de la responsabilité morale, mais, dans le cas d'effets aussi négatifs et douloureux, la contrition constitue ce qu'attendent les victimes comme symptômes ou signes d'une certaine conscience de la responsabilité morale. Le recours acharné aux avocats plutôt qu'une véritable capacité à répondre de ses actes et de leurs conséquences devant ceux qui sont concernés signifie un mépris de l'autre qui ne peut être toléré par cet autre qui a souffert comme on n'imagine pas pouvoir souffrir.

L'impossibilité de penser l'accident

Notre société dont François Ewald affirme qu'elle est devenue « assurantielle » ne parvient plus à penser l'accident. Le beau film de Egoyan, *De beaux lendemains*, montre bien, à propos d'un accident d'autobus, tout le travail des juristes pour convaincre les parents des victimes qu'il n'existe pas d'accidents.

Plus généralement nous ne supportons plus l'idée de dommages sans responsables qui seraient là pour payer dans tous les sens du terme, de la vengeance au dédommagement. Les accidents de montagne ou de mer deviennent strictement *impensables*. L'idée d'un *accidit !* – en latin, « il arrive », « ça arrive » – n'est plus admise. Nous voulons trouver des causes et nous les recherchons. Nous voulons trouver des responsables et la télévision les exhibe. Certes, on peut critiquer telle imprudence d'un guide de haute montagne ou dénoncer la folie d'un prêtre exalté dans des sorties en mer, mais leurs rôles sont presque postulés, presque assignés par avance. Il n'y a plus de catastrophes dont on ne cherche à établir les responsabilités. Cette façon de penser et de raisonner peut conduire à de graves dérives. Cette incapacité à accepter l'accident revient souvent à nier le hasard et à refuser tout risque.

L'enjeu le plus important concerne ce qu'on appelle l'eugénisme. Progressivement les techniques de procréation médicalement assistées sont passées d'une juste lutte contre la stérilité qui les avait fait inventer à des pratiques beaucoup plus courantes et banalisées, quelquefois dites « de confort ». La banalisation de la fivette croisée avec l'analyse du génome aboutit à ce trop fameux tri des embryons qui menace aujourd'hui l'humanité. Le lien avec notre problématique est près d'apparaître.

En effet, on peut prévoir que, dans quelques années, peu nombreuses, les médecins seront en mesure de proposer une nouvelle offre à leurs clients. Ils leur conseilleront d'éviter cette archaïque manière d'avoir des enfants en faisant l'amour. Ils leur proposeront une fécondation *in vitro* avec tri des embryons à réimplanter dans l'utérus. Ils leur suggéreront des tarifs selon les maladies génétiques certaines ou seulement probables que les parents voudront éviter à leurs enfants, de la myopathie au bec-de-lièvre, en passant par l'asthme ou le cancer statistiquement prévisible au-delà de cinquante ans. Face à cette offre, les parents seront donc rendus responsables de leurs enfants et ceux-ci seront le fruit d'un projet parental. Les assurances iront en ce sens, car, comme le faisait remarquer le directeur scientifique de l'UAP, si les assurés munis d'une carte attestant un bon génome exigent un bonus, il faudra bien donner un malus à ceux dont les parents n'auront pas pris toutes précautions.

Cette offre médicale verra le jour. Face à cette offre, la demande suivra nécessairement, car les parents seront rendus artificiellement responsables de l'état génétique de leurs enfants. Certes il existe déjà une responsabilité des parents par exemple dans l'hygiène observée pendant la période prénatale (alcool, tabac, mouvements, etc.), mais cette responsabilité consiste à ne pas nuire au fœtus. Il faut espérer que la loi tiendra bon et que les arguments internationaux et égalitaires – si on ne le fait pas en France, les plus riches iront le faire en Angleterre – ne nous pousseront pas à ces extrémités très probables. Mais notre phobie de l'accident, notre incapacité progressive à le supporter constituent un danger majeur.

L'exemple américain de ces femmes qui demandent un dédommagement pour le fait d'être femmes (menstruations, grossesses et souffrances diverses) ne sera plus surréaliste si les femmes peuvent désormais trouver en leurs parents les responsables de leur sexe puisqu'il leur aurait été très facile de le choisir dans le cabinet du gynécologue.

Si nous ne parvenons pas à accepter que toute naissance comporte des risques, qu'il y reste une part de hasard et d'inattendu, que la liberté de l'enfant émerge dans ce hasard lui-même, nous irons tout droit vers l'eugénisme le plus insensible et le plus terrible qu'ait jamais connu l'humanité. Nous y consentirons au nom de cette responsabilité perverse qui apparaîtra dans ce jeu d'une offre commerciale et d'une demande inévitable.

Beaucoup d'intellectuels, fascinés par les Lumières et le progrès scientifique, n'aiment pas qu'on utilise le même mot pour désigner la barbarie nazie et cette amélioration de l'espèce. Pourtant il s'agit bien de l'avatar le plus sophistiqué de l'eugénisme. Le plus insensible n'est pas toujours le meilleur. Au contraire, car en matière d'eugénisme, le plus insensible est le moins voyant et le plus efficace. Si l'on parvient de cette manière à ne plus nous faire tolérer les différences au nom d'une normalité programmée, nous aurons régressé sans la moindre indignation.

On voit bien dans cet exemple les dangers que représentent les mésusages du concept de responsabilité combinés avec sa tradition juridique. L'ambiguïté de tout maître mot prête à ces dérives. Convaincu que le principe de responsabilité est le principe moral émergent de notre temps, je pense que la naissance d'un enfant est certainement l'événement qui se prête le mieux aux analyses. Toutes les confusions et toutes les consécrations s'entremêlent dans cet événement. Si Hans Jonas – le philosophe qui a, le premier, développé *le principe responsabilité* dans les années soixante-dix – a raison de prendre l'apparition du nouveau-né comme le paradigme même de la *responsabilité naturelle*, cette apparition cristallise autour d'elle toutes les ambiguïtés et les contradictions auxquelles nous sommes aujourd'hui confrontés à propos du concept de responsabilité.

Des notions absurdes comme le *droit à l'enfant* ou le *projet parental* relèvent pleinement de ces confusions. L'idéologie du progrès scientifique conspire avec elles, puisque l'accusation principale qui est lancée contre les contempteurs de l'eugénisme négatif est celle d'obscurantisme. Les partisans de cet eugénisme négatif (Cohen, Taguieff) ne saisissent pas les enjeux de la responsabilité. Comme l'a écrit Michel Serres, la responsabilité du scientifique ne consiste plus seulement à devenir « maître et possesseur de la nature » (Descartes), elle passe aujourd'hui et demain par « la maîtrise de notre maîtrise ». Le principe de responsabilité s'impose à la conscience lorsque l'enfant paraît, comme une irruption indécise, comme un événement jamais vu, comme un être inattendu à force d'être tant attendu. Dans cet instant lumineux où l'enfant crie sa naissance, la vraie responsabilité se moque de toutes les responsabilités artificielles que produit cyniquement le croisement du marché libre et du progrès technique.

L'enfant joue un rôle particulier dans toute analyse de la responsabilité. Dans l'eugénisme, dans la sélection des embryons sur des critères normatifs, dans le refus du hasard et du risque, on oublie la chose essentielle : *l'enfant est un autre*. La volonté de réduire cette altérité contredit toujours le principe de responsabilité qui, précisément, repose sur l'altérité. L'enfant est un autre, c'est déjà le problème de toute éducation. Le *projet parental* souvent invoqué pour justifier des processus de sélection tente de réduire cette altérité qui devrait correspondre à mon désir.

La responsabilité morale est aux antipodes de ces arguties marchandes qui veulent toujours nier l'accident, le hasard ou le risque. La responsabilité enveloppe toujours une prise de risque. La responsabilité morale ne refuse ni l'accident ni le hasard. Elle ne les cultive pas non plus, mais elle ne cherche pas à s'en protéger à n'importe quel prix. Dans cet exemple que je donnais d'une offre et d'une demande, la responsabilité artificiellement créée par des marchands contredit totalement le principe de responsabilité, en produisant un jeu catastrophique sur les mots. Ce sont ces terribles jeux qui peuvent tromper. Un père et une mère responsables se révèlent face à l'enfant qui naît sans avoir conçu ce qu'il devait être. C'est leur tâche à venir, ce ne peut être un calcul antérieur. Cette mission n'est pas un achat de services. Cette responsabilité ne se monnaye pas.

La recherche de responsables

Les progrès du juridisme et de la chicane s'en viennent souvent parasiter aussi le principe de responsabilité morale. Le meilleur exemple qui nous en soit aujourd'hui donné est le procès intenté contre la Seita par la famille d'une femme décédée d'un cancer du poumon. Cette femme fumait, moi aussi. Il est donc demandé à la Seita un dédommagement pour avoir été la cause de cette consommation de tabac mortelle. Quelles que soient les suites judiciaires données à cette affaire en cours, la plainte porte elle-même une contradiction flagrante sur la question de la responsabilité. Certes, la Seita joue un rôle dans la fabrication et la distribution des tabacs. Mais reconnaître la responsabilité civile de la Seita, c'est dénier toute responsabilité morale à la personne décédée. A strictement parler, la famille plaignante tient à peu près ce discours : notre sœur était une femme irresponsable ou mieux non responsable. Il s'agit là d'une insulte à sa mémoire. Je ne sais si la finalité de l'action entreprise est financière ou symbolique, mais cela importe peu. Le raisonnement qui consiste à supprimer la responsabilité d'une personne pour engager la responsabilité civile d'une autre personne, physique ou morale, participe bien de ces dérives qui nuisent aujourd'hui à la bonne intelligence du concept moral de la responsabilité.

La stratégie de la défausse n'est pas compatible avec le principe de responsabilité. C'est toute l'ambiguïté qui marque aujourd'hui les fameuses délégations de pouvoir et de responsabilité qui sont opérées dans la plupart des entreprises. En effet, ces délégations pourraient « responsabiliser », mais, la plupart du temps, elles consistent à reporter sur un autre une responsabilité qu'on ne souhaite pas soi-même assumer. D'ailleurs les textes afférents à ces délégations sont souvent écrits avec une précision toute juridique pour bien s'assurer de ce qui est couvert et de ce qui ne l'est pas.

Il faut nous méfier de cette tendance qui s'accroît considérablement. On a tort d'y voir un élément qui relèverait d'une morale quelconque sous prétexte qu'il serait issu d'un juridisme apparu dans l'environnement nord-américain. Au contraire, le juridisme marque presque toujours une défaite de la morale : la parole ne vaut plus rien sans la signature, l'engagement devient nul sans le contrat. Or la parole est au cœur de toute morale. Ce que dit bien le concept moral de la responsabilité, puisqu'il s'agit de « répondre » – ce qui est une parole.

L'obsession de la définition

Les juristes n'aiment rien tant que de tout définir. La rigueur de leurs textes est faite pour que rien ne passe entre les mailles du filet. Aucun cas ne doit échapper au droit. La liberté d'interprétation doit être minimale. Il faut tout définir pour se couvrir. Ce louable souci a des effets très spécifiques sur les questions opérationnelles de responsabilité.

Ainsi, quand on prend quelque chose en charge, il faut limiter sa responsabilité ou la décliner, en le disant ouvertement pour être couvert par cette déclaration même. Déposez votre manteau dans un vestiaire, « la direction décline toute responsabilité pour les objets... ». Même chose dans les parkings. Même chose dans les hôtels. On prévient, on avertit, on définit. Cette attitude est compréhensible. Elle vient de la crainte de la sanction, du dédommagement, de la plainte, de tout ce qui constitue la responsabilité négative.

Cette question de la définition constitue une différence très importante avec la responsabilité morale. Dans cette dernière, il n'est pas possible de définir, il faut au contraire inventer tout le temps. L'obligation d'agir qui en découle ne serait pas compatible avec une obsession de la limite et de la réserve. Ce mouvement permanent vers l'action, poussé par les devoirs qui obligent à faire, est contradictoire avec l'établissement de définitions toujours limitatives. L'engagement ne se plie pas au lexique du désengagement. La prise de risque contredit l'avarice. La générosité ne supporte pas la rétention.

On en a un bon exemple avec ce qu'on appelle les « délégations de responsabilité ». Elles sont souvent d'une grande ambiguïté. A côté d'un discours positif sur la « responsabilisation des acteurs », la délégation est souvent conçue comme la mise en place de fusibles en cas d'ennuis éventuels. Un signe ne trompe pas si l'on veut connaître le contenu réel d'une délégation de responsabilité : plus elle comportera de définitions, plus elle sera juridique, plus elle signifiera qu'on tient avant tout à se défausser. Plus elle ouvrira des espaces de liberté, plus elle instaurera des marges de manœuvres, plus elle enclenchera un mouvement de responsabilisation.

Conclusion : veiller aux équilibres

Ces six perversions se recoupent et se recroisent. On peut les combiner. Craindre une sanction fait reculer devant l'action et le risque ; la peur du risque produit l'angoisse d'un enfant inattendu ; l'obsession de la définition veut éviter tout accident, puisqu'il n'y a pas d'accident pensable ; il faut toujours s'assurer, se rassurer par des définitions ; il faut toujours se disculper en trouvant un responsable qui a produit le danger auquel je suis confronté, puisque j'ai refusé d'agir et que j'avais tenté de tout définir.

Ces six perversions reviennent toujours à opposer la crainte du négatif à l'engagement du généreux. De même que la générosité évoque le liquide séminal et l'ensemencement, la responsabilité morale considère les actes, les décisions et leurs conséquences comme ses propres enfants confrontés à autrui. La responsabilité juridique est réductrice et stérile quand elle devient obsessionnelle. Elle se retient de faire des enfants, car les enfants sont un risque et un souci – ou alors elle voudrait les programmer et les définir. La responsabilité morale est féconde et buissonnante.

On comprend alors les difficultés que nous pouvons rencontrer dans ces usages aussi différents qui sont issus d'un mot commun et d'une étymologie commune et font florès dans les usages linguistiques de notre temps. La montée en puissance de ces deux usages nécessite des clarifications permanentes. Nous nous trouvons très souvent dans des situations de grande ambiguïté : des personnes diverses entendent des contenus différents et réagissent en fonction de leurs complexions propres. Des professions entières sont travaillées par ces ambiguïtés.

Mais il nous faut déjà retenir un principe opérationnel. Lorsqu'un homme ou une femme se voient attribuer des responsabilités, il est nécessaire d'en faire une sorte de bilan. Dans notre société démocratique, tout pouvoir implique son lot de responsabilités. Ces responsabilités peuvent être déséquilibrées. Si elles ne sont que d'ordre juridique, cela signifie que le rôle du responsable sera conçu de façon purement négative, qu'il n'aura que de mauvais coups à prendre et que ses actions seront avant tout orientées par la crainte d'une sanction. C'est par exemple le problème actuel des chefs d'établissement dans l'Éducation nationale. Les syndicats enseignants ont tellement peur de lui voir jouer un quelconque rôle pédagogique que les proviseurs et principaux se voient cantonnés à des responsabilités de type exclusivement juridique. Le résultat est clair : il manquait en septembre 1998 près de neuf cents chefs d'établissement. Subrepticement, au-delà des annonces officielles, Claude Allègre leur a confié une responsabilité nouvelle et décisive avec les emplois jeunes. Pour la première fois des chefs d'établissement allaient avoir un pouvoir de recrutement et de sanction, c'est-à-dire une responsabilité positive.

L'exemple des médecins est aussi significatif. Leurs organisations représentatives se sont progressivement enfermées dans un concept purement juridique de la responsabilité : soit en lien direct avec les pratiques judiciaires, soit en reprenant un usage commun marqué par l'impact négatif du droit. Les médecins sont de plus en plus obnubilés par la responsabilité juridique et notamment par tous les jugements qui statuent aujourd'hui sur la responsabilité sans faute (voir le problème des anesthésistes). Cette question de la responsabilité n'est pas sans lien avec le déficit de la Sécurité sociale, puisque le cycle généraliste-spécialiste-laboratoire-hôpital qui consiste à se défausser vers un confrère contribue à accroître le coût économique du traitement. Par ailleurs, sur les problèmes d'équilibre des comptes sociaux, les médecins n'ont jamais abordé leur rôle en fonction d'une responsabilité positive. Le dialogue entre leur ministère de tutelle et les médecins s'est toujours cantonné dans le modèle juridique de la responsabilité. De façon générale, les professions médicales cèdent à la tendance négative. C'est d'ailleurs un cercle vicieux. Ils n'y cèdent pas par perversion, mais parce qu'ils se laissent enfermer dans ce cercle d'attaques et de procès divers.

On pourrait le dire aussi de la fonction publique. Les séminaires de formation se multiplient sur le thème de la responsabilité des agents publics. Mais ils sont malheureusement toujours suscités par quelque affaire judiciaire qui produit du trouble et de l'inquiétude. C'est pourquoi il importe que l'on revienne sur les missions qui définissent le service public. C'est de leur mission que les agents sont responsables devant les citoyens. L'identité et la responsabilité sont toujours des concepts proches dès qu'on évoque la responsabilité morale, car il faut savoir, dans chaque cas, ce dont on doit et surtout ce dont on veut répondre devant ces autres qui sont des usagers ou des citoyens. Alors qu'il manque, par tradition, une culture de la responsabilité dans les services publics, l'attention risque de se porter aujourd'hui exclusivement sur une crainte des responsabilités juridiques qu'induit le juridisme ambiant. C'est pourquoi les organisations devraient faire beaucoup plus de place, dans leurs formations ou dans leurs séminaires internes, aux contenus divers et contradictoires du concept de responsabilité.

La difficulté du moment réside donc d'abord dans ce double mouvement : d'un côté l'apparition d'un principe moral nouveau, le principe de responsabilité ; d'un autre côté, un juridisme croissant qui conduit à privilégier le concept juridique de la responsabilité. Deux discours sont parallèles qui doivent se croiser dans quelques cas. Bien sûr, la responsabilité morale n'est pas à l'abri des méfaits, des dommages ou des échecs. Elle doit donc rejoindre en partie cet usage juridique, mais elle en change profondément la nature. L'exemple de Pierre Guillaumat est à cet égard très significatif. Si l'on demeure dans la stricte logique de la responsabilité juridique, on entreprend en permanence une stratégie de défense pour payer le moins possible. Lorsque dans le cas d'une responsabilité morale, avec prise de risques, on est amené à être jugé sur une erreur ou une faute, la stratégie normale consiste à assumer sa responsabilité, à la reconnaître, puisqu'on reconnaît ses actes et leurs conséquences comme on reconnaît ses propres enfants.

Il ne faudrait pas voir dans ce texte une attaque en règle contre le droit. Ce n'est pas le propos. Le droit de la responsabilité a été une pierre essentielle dans la construction de la solidarité sociale. Mais ce droit de la responsabilité se combine aujourd'hui avec des pratiques judiciaires d'un type nouveau. C'est cette combinaison qui fait s'accroître le fossé entre les deux types de responsabilité. Par ailleurs il importe que notre langage commun évite les confusions qui ne retiennent de la responsabilité que l'aspect juridique, c'est-à-dire négatif.

Qu'on s'entende bien sur ce mot de « négatif ». Il qualifie ici des actes et leurs conséquences, des décisions et leurs conséquences, telles qu'elles deviennent appréhendables dans l'exercice de l'analyse juridique et de la pratique judiciaire. La fin qui consiste à dédommager (civil) ou à défendre la société – donc à punir – (pénal) ne peut concerner que des actes négatifs. C'est en cela que la responsabilité, dans son acception juridique, ne concerne jamais que du « négatif », c'est-à-dire du « à cause de », jamais du « grâce à ».

Dans le langage courant des phrases fréquentes montrent que le concept de responsabilité est pris en deux acceptions différentes, alors même que les mots sont identiques et que la perception de cette différence n'est pas claire. Ainsi, le système des assurances laisse-t-il souvent s'exprimer cette obscurité. On constate que l'assurance sur la responsabilité civile, notamment quand il s'agit de la sécurité des biens, conduit à dé-responsabiliser le citoyen, voire quelquefois la collectivité. La faible prévention serait un abandon de responsabilité du fait même que la catastrophe naturelle ou des incidents de comportements seront couverts par la responsabilité civile.

Il est clair que le verbe « dé-responsabiliser » signifie une référence à la responsabilité morale, tandis que la responsabilité couverte par l'assurance est une responsabilité juridique. Ces substitutions et ces confusions sont très fréquentes et obscurcissent la perception claire du principe de responsabilité.

Attention, casse-cou !

Une autre acception de la responsabilité se situe à mi-chemin entre le juridique et le moral. C'est la thèse la plus souvent retenue par Hans Jonas et par ceux qui l'interprètent. Le *principe responsabilité* engendre à la fois une version du principe de précaution et la préoccupation d'une stricte intelligence de l'avenir.

La responsabilité s'impose alors comme le souci des conséquences à long terme et donc des générations futures.

Cette version de la responsabilité correspond à l'argumentation écologique et à certains comportements du consommateur. Les industriels ont compris cette modification des comportements dans les lancements de « produits sans » : sans phosphates, sans CFC. Le devoir y est conçu en même temps comme un calcul d'intérêt à long terme et comme un désintéressement de l'individu. En effet, chaque personne agit non pas pour elle-même, mais pour ses descendants. Il faut éviter les catastrophes à venir, même si elles sont lointaines. L'autre devant qui je dois répondre de mes actes et de leurs conséquences n'est pas là devant moi, il est après moi. Ces comportements d'achats qui sont nouveaux signifient bien que le principe de responsabilité n'est pas une pure construction théorique. Il est déjà observable dans maints comportements quotidiens.

C'est le raisonnement qui est utilisé à propos des OGM (organismes génétiquement modifiés) ou du nucléaire. Dans les deux cas, on ignore surtout les effets à long terme. On ne sait si l'antibiotique conçu pour immuniser le maïs transgénique contre la pyrale immunisera aussi les corps humains contre certains antibiotiques, à leurs risques et périls. On ne connaît pas les effets des graines emportées par les vents sur des cultures voisines. On ne connaît vraiment que les gains de productivité à court terme. Ce raisonnement critique toute vision à court terme qu'imposent l'économie libérale et la recherche du profit ou que suggère l'action politique elle-même souvent prisonnière de ce court terme. Même si ce *principe responsabilité* intègre l'intelligence et la connaissance, il ne se réfère ni à la sanction prochaine ni à la crainte d'agir. Il n'est donc pas de nature strictement juridique. Dans ces cas, la sanction ne relève pas d'une justice transcendante, mais d'une justice immanente : la catastrophe viendra d'elle-même sans qu'un juge intervienne pour punir.

L'argument du « cours du monde moral »

Il faut donc bien distinguer les argumentations qui réduisent tout devoir à un pur calcul d'intérêt et le *principe responsabilité* de Hans Jonas. La notion même de devoir se retourne en son contraire quand le calcul d'intérêt concerne le sujet agissant lui-même. Tel est par exemple le raisonnement anglo-saxon sur les éthiques d'entreprise (*ethic pays*) tel qu'il est repris par des essayistes français comme Alain Minc.

Ce raisonnement suppose toujours implicitement que le cours du monde est moral. Il consiste peu ou prou à canoniser le capitalisme et l'économie de marché en faisant comme si le meilleur économiquement était le meilleur moralement. On se souvient de cette scène de *Barton Fink* dans laquelle un producteur hollywoodien reçoit John Turturo, jeune intellectuel, recruté pour écrire des scenarii. Caricature de producteur, avec bermuda à fleurs et chaise longue sur le bord de sa piscine, il commence à tenir ce raisonnement sur l'importance de l'éthique qui a pu l'amener à de tels succès économiques. Mais avant même de finir son discours, il éclate de rire et s'écrie : « Je plaisante. Si j'avais toujours eu un comportement moral, je ne serais pas ici à vous recevoir le long de ma piscine ! Je serais employé et je serais en train d'en nettoyer le fond ! »

Personne ne peut affirmer avec certitude que dans l'économie de marché les vertueux gagnent et les gangsters perdent ou inversement. Il n'existe aucune corrélation entre l'économie libérale et la morale. Toute thèse annoncée, en un sens ou en un autre, est purement dogmatique et arbitraire. Il ne suffit pas de dénoncer les concussions et les corruptions plus aisées dans l'économie de type soviétique pour en conclure la vertu de son contraire. Mais il est vrai qu'une morale de la responsabilité peut parfois être interprétée comme une réduction du devoir à l'intelligence ou au calcul d'intérêt.

Cette thèse du « cours du monde moral » n'est pas toujours exprimée comme telle. Néanmoins, elle fonde toutes les « éthiques d'entreprise », avec leurs textes un peu niais conçus par des communicateurs peu scrupuleux. Elle constitue en fait une véritable canonisation des « gagneurs » et autres « vainqueurs ». A strictement parler elle signifie ceci : non seulement nous sommes les meilleurs économiquement, mais si le cours du monde est moral, nous sommes nécessairement aussi les meilleurs moralement. On remporte ainsi la mise sur tous les fronts.

Critique de la réduction des devoirs

Traditionnellement, parmi toutes les typologies envisageables, il est possible de distinguer trois types de philosophies morales, en fonction du moment de l'opération qu'elles privilégient. S'il est admis que la morale concerne bien les opérations que nous mettons en œuvre ou que nous avons à mettre en œuvre, toute opération peut s'articuler en trois moments : l'intention, l'action elle-même et les conséquences de l'action. Le terme « action » est ici pris de façon générique. Il peut très bien s'agir d'une décision qui a des effets sur autrui.

La morale de l'intention a été développée par Kant. Elle privilégie le rôle du devoir au principe même de la décision. L'exemple du commerçant que donne Kant est très clair : ou le commerçant rend correctement la monnaie parce qu'il raisonne en tant qu'être raisonnable, par principe ; ou il rend la monnaie parce qu'il raisonne en tant que commerçant, avec la volonté de fidéliser sa clientèle. Dans un cas, il agit par devoir, dans l'autre, conformément au devoir. Dans un cas, l'impératif est dit catégorique, dans l'autre, il est hypothétique. Ces distinctions simples n'en sont pas moins essentielles. Pour la morale de l'intention, « c'est l'intention qui compte », c'est à partir d'elle qu'on peut évaluer une opération. Le génie de Kant, c'est d'avoir promu l'intention tout en lui ôtant le caractère subjectif, arbitraire ou relativiste qui lui est ordinairement attaché. L'épreuve de l'universalité qu'il impose à toute intention l'extrait d'une subjectivité naïve.

La morale de l'action est très bien représentée aujourd'hui par le discours de Jean Paul II, tel qu'il est développé dans l'encyclique *Splendor Veritatis*. Le pape y expose une philosophie morale qui rejette l'intention dans tout ce qu'elle peut avoir de subjectif et de non éclairé par les textes sacrés et la foi religieuse. En ce sens, « l'enfer est pavé de bonnes intentions ». Cette morale voit dans l'acte lui-même l'alpha et l'oméga de toute évaluation morale. C'est au nom de cette morale que le pape condamne aussi bien l'avortement que la torture. L'avortement est un meurtre, quelles qu'en soient les intentions et quelles qu'en soient les conséquences. La torture est intrinsèquement mauvaise, même si elle permet d'éviter des meurtres en faisant parler un homme sous l'effet de la souffrance physique. Les heurs et malheurs des personnes dans les conséquences des actes s'effacent au regard de la nature de l'acte lui-même. Rien ne saurait justifier un acte contraire aux commandements de Dieu, qui ne portent que sur les actes eux-mêmes.

Enfin, des philosophies morales privilégient les conséquences de l'acte, c'est-à-dire en fait toute une chaîne de causes et d'effets qui s'articulent en séries causales. Celles-ci peuvent se croiser les unes les autres. La morale de la responsabilité pourrait aller dans ce sens et c'est bien l'idée de Hans Jonas. La tendance naturelle de cette philosophie morale consiste à donner une place très grande à la connaissance. En effet, pour envisager une série causale et ses croisements divers, il faut faire un effort de prospective. Il faut essayer d'anticiper. Il faut donc connaître le plus possible à la fois la série causale qu'engendre un acte et l'environnement dans lequel va se situer cette série causale. La connaissance est donc un souci de cette philosophie morale et l'on pourrait craindre que l'intelligence s'y substitue à tout concept du devoir. Cette remarque est juste dans toutes les interprétations utilitaristes : l'utilitarisme renvoie soit à l'intérêt du sujet agissant, soit à l'intérêt de la société dans laquelle il se trouve, soit à une subtile combinaison des deux si l'on admet que le sujet agissant et la société ont les mêmes intérêts à moyen ou à long terme.

Mais une morale de la responsabilité n'est pas utilitariste. Elle ne l'est que si elle s'enferme dans l'acception juridique de la responsabilité. Si par exemple les sanctions conçues comme des conséquences de l'acte déterminent la volonté, il s'agit bien d'une forme d'utilitarisme. Poser la responsabilité comme le principe moral de notre temps, c'est se situer de façon un peu décalée par rapport à cette typologie des philosophies morales.

Certes, le *principe responsabilité* insiste sur les actes et leurs conséquences. Il suppose donc un minimum d'investigation et d'éclairage. Mais, comme nous le verrons plus en détail, la notion de responsabilité enveloppe *la présence de l'autre* comme instance décisive. Cette leçon de Levinas doit être retenue pour qu'on évite de réduire la responsabilité à l'étude des actes et de leurs conséquences au seul bénéfice du sujet agissant qui raisonnerait sur son seul intérêt à long terme. Par ailleurs, l'enseignement de Kant reste valable pour ce qui constitue formellement l'exigence de toute morale. Dans une morale de la responsabilité, la question de l'intention ne saurait être évacuée. Mais ce n'est plus une intention pure au sens où elle serait détachée de l'altérité.

Reprenons l'exemple du commerçant. Selon Kant, il raisonne soit par principe en faisant appel à sa seule conscience morale de façon catégorique ; soit en fonction de son intérêt en réduisant le devoir à un simple calcul. Il existe une troisième voie dans laquelle le sujet agissant pourrait prendre en compte les conséquences de son intention ou de son acte sur autrui. Il est alors clair que le commerçant qui volontairement ne rend pas la monnaie correctement ne voudra pas répondre de son acte devant son client ou la famille de la petite fille qui est venue lui acheter quelques sucreries.

Par ailleurs, la formulation kantienne de la morale indique deux voies qui restent privilégiées dans toute réflexion morale, quels qu'en soient les lieux et les temps. Un principe moral doit être *formel* et *universel*. Ce double caractère oblige à prendre en compte l'intention et à ne pas la négliger sous prétexte qu'elle constituerait une division arbitraire dans le séquençage d'une opération – comme le critiquait Hegel en montrant que la notion d'intention relevait d'un processus d'abstraction par rapport à toute opération qui s'inscrit dans le monde.

En effet, toute réflexion morale passe par l'intention comme moment du processus de décision qui précède nécessairement la décision elle-même mais ne peut s'en abstraire. La caractéristique *formelle* extirpe la morale d'un lien empirique et arbitraire avec tel ou tel sentiment. La pitié, la sympathie, l'amour – pour reprendre quelques thèses célèbres – ne sauraient constituer le principe moral dans la mesure où elles renvoient à des instances empiriques subjectives, c'est-à-dire à des expériences de la conscience très variables suivant les personnes, leur éducation et leur milieu. Le principe de responsabilité remplit cette exigence formelle : la volonté de répondre de ses actes ou décisions et de leurs conséquences devant l'autre constitue une épreuve pour toute intention formulée comme telle. C'est le caractère *formel* qui garantit l'épreuve même de la conscience. La morale ne consiste pas à faire du sentiment.

C'est aussi ce caractère formel qui donne la garantie d'une *universalité*. Cette universalité n'est pas tout à fait du même ordre que l'universalité kantienne qui signifie qu'une maxime subit l'épreuve de l'universalité au sens où tout homme ne pourrait que répondre de la même façon à la même question morale posée. Cette universalité du principe de responsabilité ne supprime pas la situation singulière de tout sujet. Au contraire, elle la situe par rapport à un autre – devant lequel il faut répondre. Il n'est jamais le même pour chaque sujet agissant et qui peut même varier selon la façon dont le sujet agissant envisage les effets de ses actions ou décisions. L'universalité du principe de responsabilité signifie avant tout que ce principe est applicable *dans tous les cas*. Aucune situation ne peut échapper à l'épreuve de ce principe. C'est précisément ce qui fait sa modernité et justifie son émergence à notre époque. Nous avons sans cesse à improviser. Nous nous trouvons face à des situations inattendues, imprévues, imprévisibles. Nous restons désarmés si nous voulons appliquer simplement des recettes transmises et nous ne trouvons pas dans la tradition de solutions toutes faites. Or le principe de responsabilité nous permet de résoudre les questions morales que nous nous posons.

Cette idée de Kant reste fondamentale : une vraie morale doit avant tout solliciter notre conscience, produire un moment de réflexion originale. La morale est inséparable du questionnement moral. C'est en ce sens que la vraie morale se moque de la morale. C'est en ce sens aussi que toute l'éducation morale se transforme. Elle ne pourra plus se contenter d'inculquer des schémas de comportement ni des types de solutions préexistantes. Kant avait pleinement raison d'affirmer qu'il n'y a pas de morale kantienne. Mais il pensait encore que, par rapport à une question posée, l'universalité de la morale impliquait qu'il n'y eut qu'une seule réponse possible. Le principe de responsabilité ne peut avoir cette ambition, pour deux raisons essentielles : en premier lieu, les figures de l'altérité peuvent varier au sein du même questionnement moral. En second lieu, dans notre monde, chaque individu peut être confronté à des conflits de devoirs – que la figure de l'altérité change ou non –, et ces conflits de devoirs amènent à des compromis qui ne suppriment pas le caractère moral de la décision, mais qui doivent tenir compte d'impératifs contradictoires ou divergents.

Intermède

« La femme dans la cuisine, la sottise dans la cuisine ! » La preuve : depuis le temps qu'elles cuisinent, les femmes auraient dû faire de la cuisine une science ! Ce mot stupide est de Nietzsche. Ou pourquoi je ne serai jamais nietzschéen...

Un grand cuisinier ne donne, dit-on, jamais ses recettes. Les vendrait-il alors ? Tous proposent, en ces jours, des livres séduisants propres à vous mettre en appétit. Ce sont livres de photographes et non de cuisiniers. Ils y écrivent tout autre chose que ce qu'ils font. Ils avancent des idées, non des recettes.

Comment mesurer le poids de farine ou de beurre ? comment compter les minutes pour cet œuf à la coque ? comment lire en cuisinant ? comment quitter des yeux ce qui frémit pour des pages qui se tournent ? La cuisine est une adaptation perpétuelle : j'ajoute, je retire, je goûte, je tâte, j'observe, je ne compte presque jamais.

On peut faire la cuisine comme on fait la morale, en oubliant le faire pour le répéter. Sans produits frais, la cuisine est condamnée. Sans concepts nouveaux, la morale est insipide.

La recette répète et conserve. Elle est à la cuisine ce que l'ordre moral est à la morale.

Je n'aime les conservateurs ni dans les aliments ni dans la société.

5. Le concept moral de la responsabilité

La volonté du responsable

A la différence du concept juridique, le concept moral de la responsabilité se laisse difficilement enfermer dans des catégories simplistes. Prendre une responsabilité, devenir responsable impliquent une *volonté* qu'on nomme parfois *engagement*... Formellement, le mot de responsabilité ne contredit pas son étymologie et sa silhouette reste identique : il s'agit toujours de « répondre de ses actes ou décisions et de leurs conséquences devant l'autre ». Mais les modalités se transforment profondément. En effet, la volonté du sujet se substitue à la contrainte du prétoire et l'expression formelle de la responsabilité est précédée d'un *je veux* : « Je veux répondre de mes actes ou décisions et de leurs conséquences devant l'autre. » Dans l'acception juridique, elle était précédée d'un *tu es contraint*, menaçant et péremptoire, induisant des comportements de défense, de défausse et de dénégation.

Ce *je veux* est engagement du sujet dont le sens contredit la contrainte et la crainte de la sanction. Loin d'éloigner de l'action, le concept moral de la responsabilité y pousse sans cesse : je veux répondre signifie « j'ai à faire ». En passant du droit à la morale, nous glissons du passé au futur, nous transformons la relation au temps. Dans le premier cas, la question posée était rétroactive : « Qui a été la cause de... ? »

Dans le second, l'affirmation est prospective : « J'ai à faire, j'aurai à faire... » Cette remarque vaut pour toute sorte de responsabilité morale. Si je veux devenir père de famille, je sais que j'aurai à nourrir, à éduquer, à conseiller, etc. Si je veux devenir élu local, je sais que j'aurai à dialoguer, à décider, à consulter, etc. Si je veux devenir responsable d'un service dans une entreprise, je sais que j'aurai à diriger, à planifier, à organiser, etc. Si je veux créer une association, je sais que j'aurai à inventer, à gérer, à animer, etc.

Cet usage du futur connaît immédiatement une dimension morale, car le « j'ai à faire » signifie sans transition que j'aurai des devoirs. Si je m'en acquitte, j'agirai bien. Si je ne m'en acquitte pas, j'agirai mal. Mais ce devoir, en lui-même d'essence morale et non juridique, est une promesse d'action. Ce n'est pas la sanction qui constitue le principe de l'action, c'est l'engagement, donc le devoir. Ce devoir n'est pas déjà écrit, déjà là, déjà donné : il laisse une marge de liberté et se fonde sur un espace de liberté. Dans notre monde, tel qu'il est et tel qu'on ne sait pas ce qu'il sera, il est de plus en plus rare que tout soit déjà dit sur ce que j'aurai à faire.

C'est en ce sens que, avec le concept moral de la responsabilité, la vraie morale se moque de la morale. Cela ne signifie nullement qu'on puisse faire n'importe quoi : la santé de l'enfant obéit à des règles d'hygiène et de diététique ; la vie de l'entreprise est enserrée dans un marché et une compétition économique ; le mouvement d'une association s'insère dans un environnement local et des contraintes financières. La responsabilité n'est pas le pur arbitraire ni le pur aléatoire, mais nous vivons dans un monde qui privilégie l'innovation et l'invention. Cette caractéristique concerne aussi la morale et elle explique en partie le rôle majeur aujourd'hui du principe de responsabilité.

Dès le moment où une réflexion morale se tourne vers le futur et enveloppe la nécessité de l'action et de la décision, elle ne peut plus se contenter de recettes passées, de préceptes répétés ou de traditions simplement transmises. La présence de l'autre à venir remplace la didactique des anciens à dépasser. Car c'est cette présence qui donne une véritable dimension morale à la responsabilité. Levinas a remarquablement développé cette idée avec sa thématique du *visage de l'autre*. La responsabilité consiste bien à *envisager*. Mais pour envisager, il faut aussi *dévisager*. Car l'autre n'est pas unique, car l'autre n'est pas seul. Dans l'expression formelle de la responsabilité, l'autre reste vague et indéterminé. Or la question *qui est l'autre ?* se substitue totalement à la question *qui est responsable ?* qui animait le concept juridique de la responsabilité. Cette question nouvelle est très complexe, ce qui met en lumière une caractéristique essentielle du concept moral de la responsabilité : sa formulation est simple, accessible à tous, souvent susceptible d'une intuition immédiate et commune ; mais en même temps il ne simplifie rien et rend parfaitement compte d'une réalité complexe et très variée.

La question *qui est l'autre ?* se démultiplie en deux interrogations différentes. La première concerne l'identification de l'autre, car il peut y avoir plusieurs autres dont les présences diverses vont induire des réponses diverses. La seconde renvoie à la connaissance de l'autre, ou des autres s'ils sont plusieurs. C'est pourquoi envisager autrui, c'est aussi le dévisager. Il faut lui donner un visage – ou plusieurs visages –, mais il faut aussi le connaître et le reconnaître.

Le statut des « responsables » dans l'entreprise

Dans une entreprise par exemple, le chef, s'il se pense responsable, sait qu'il veut répondre de ses actes devant ses clients, ses salariés et ses actionnaires. Il peut y ajouter la Cité quand il veut diriger ce qu'on nomme une entreprise citoyenne. Sa responsabilité n'est pas simple et ne saurait être simplifiée. Mais la question demeure de savoir s'il s'agit bien d'un concept moral de la responsabilité dans chaque cas. On peut aussi penser des contradictions qui apparaissent entre les perspectives des différents autres, les uns par rapport aux autres. Tout n'est sans doute pas compatible et, dans des conflits de ce type, il n'est pas certain que chaque « autre » contribue à une détermination morale de l'action ou de la décision. Hors de l'entreprise cette situation se retrouve également très souvent.

Prenons l'exemple du client. C'est un concept et une réalité très importants pour l'entreprise. Outre qu'il paye et qu'il est libre de choisir un autre fournisseur, le client représente bien ici une figure de l'altérité. Son essence même est d'être autre et d'avoir un point de vue différent sur le produit que l'entreprise fabrique ou sur la prestation qu'elle fournit. Mais le client est beaucoup plus une condition économique nécessaire qu'un élément moral. D'une certaine manière l'entreprise doit le satisfaire pour survivre. La prise en compte de ses exigences, la politique de qualité, sa connaissance même sont des leviers d'efficacité sans aucune dimension morale. Ce n'est donc pas le concept moral de la responsabilité qui est ici en jeu, c'est autre chose. On doit pourtant parler de responsabilité, mais on ne saurait confondre un levier de management avec un principe moral. Ce sont ces confusions qui amènent à la rédaction de « chartes éthiques », qui ont tout à voir avec la communication et l'efficacité économique mais rien à voir avec la morale. Le recours à la notion de responsabilité dans les entreprises est à la fois ambigu et non négligeable.

Pour identifier l'autre devant qui je suis moralement responsable, je ne peux donc le considérer comme quelqu'un qui va seulement garantir une performance et me permettre d'être payé en retour. Même si elle est toujours difficile à démêler dans la réalité concrète, la morale représente toujours un risque, jamais une sécurité.

Quand l'entreprise sort du taylorisme, elle contredit les deux premiers principes affichés par Taylor dans son livre fondateur : 1. Tous les ouvriers sont naturellement paresseux. 2. Il ne faut donc pas leur laisser le moindre espace de liberté qui puisse les laisser aller à leur paresse. La robotisation suit les mêmes principes, mais dans les entreprises où l'on développe une politique de qualité totale, on remplace le contrôle par l'autocontrôle en créant de véritables espaces de responsabilité. Même si la finalité est purement économique, elle contient une dimension morale dans le rôle qui est joué par des hommes devenus responsables. Surtout, ce changement se fait dans l'idée que la responsabilité pousse à l'action : c'est dire que cet usage penche plutôt du côté du concept moral que du concept juridique. Les entreprises utilisent par ailleurs beaucoup cette notion de responsabilité pour former par exemple des groupes de projet susceptibles de constituer des équipes qui dépassent les cadres hiérarchiques habituels, au nom précisément de la responsabilité. On commence à voir des organisations qui essaient de se structurer, non pas en fonction de modèles livrés clefs en main par des cabinets d'audit, mais en fonction du seul critère de responsabilité.

J'aurais d'autant plus de mal à critiquer ces innovations qu'il m'arrive d'y contribuer. Même si la finalité de ces opérations n'est nullement morale, il est évident qu'elle s'appuie sur un ressort moral : la qualité de responsable convient à l'homme d'aujourd'hui, même si cette notion très opérationnelle n'enveloppe aucune dimension morale. Cette dimension peut être donnée par une réflexion de la personne sur elle-même, voire de l'entreprise sur elle-même, mais elle n'est pas immédiatement donnée. Elle l'est d'autant moins que l'entreprise elle-même est souvent parasitée par des délégations de responsabilité dont le paradigme reste presque exclusivement juridique. Ces va-et-vient entre acception juridique, acception managérielle et acception morale montrent à quel point dans chaque entreprise la réflexion sur la notion de responsabilité doit être considérée comme une priorité.

La question de l'altérité

L'altérité reste toujours un problème lui-même marqué par les questions que pose l'autre et auxquelles je veux répondre si je suis responsable. En effet, la question *qui est l'autre ?*, déterminante pour mieux cerner chaque responsabilité, suscite plusieurs approches différentes.

La première est la plus simple : puisque être responsable, c'est vouloir répondre de ses actes ou décisions devant l'autre, la meilleure solution consiste à écouter les questions, entendre d'où elles viennent, être attentif à tous ces autres qui attendent ou attendront une réponse.

La deuxième est un souci. En fonction des opérations que je mets en œuvre, je peux moi-même tenter de prévoir ceux qui vont être concernés par ces opérations, je peux les envisager. Certains vont de soi, comme mes électeurs si je suis élu local, comme mes salariés si je développe une politique sociale, comme mes patients si je suis médecin. Mais d'autres peuvent être envisagés, dans l'espace et dans le temps, sur le moyen ou le long terme. Cette dispersion fait penser que l'autre peut aussi ne pas être une personne, mais un collectif, comme la Cité ou l'Humanité. Dans des opérations qui concernent l'eugénisme ou l'écologie, la responsabilité s'évoque aussi face aux générations futures, et pas seulement face aux autres qui nous interrogent *hic et nunc*.

La troisième qui doit être souvent pratiquée fait sortir l'individu de soi-même selon un mouvement analogue à celui qui affecte toute pensée de la responsabilité. En effet, la plupart des expériences de la responsabilité montrent que la résolution des problèmes posés ne peut être effectuée dans le solipsisme. Même si la responsabilité concerne avant tout la personne – ce qui la fait quelquefois critiquer pour son individualisme selon un modèle et un préjugé tout juridiques –, elle s'accommode très aisément d'une réflexion partagée. La consultation, le dialogue, la discussion se prêtent bien à la clarification d'une conscience qui peine à répondre aux sollicitations qu'induit le concept moral de la responsabilité. Cette méthode est particulièrement efficace dans une équipe pédagogique comme dans tout processus d'éducation. Elle invite à toujours sortir de soi, à circuler, à connaître tous ces autres qu'on peut ignorer en restant prisonnier d'une fonction, d'une classe ou d'un lieu.

Les questions de l'altérité

L'altérité est une figure qu'on envisage et qu'on dévisage. C'est une figure questionnante, implicitement ou explicitement. Il ne suffit pas de dire « l'autre ». Quand on analyse la responsabilité dans sa structure formelle, il faut prendre au pied de la lettre l'idée de réponse. En effet, la relation à l'autre qui s'en déduit n'y est pas une relation de sympathie, d'amour ou de pitié, comme ont pu le soutenir diverses philosophies morales. Le concept moral de la responsabilité n'exclut pas que l'autre puisse souffrir de telle décision ou de telle action. La responsabilité ne présuppose ni l'harmonie ni le consensus ni le ménagement de tous. L'expression commune « prendre ses responsabilités » signifie bien qu'il peut y avoir de la douleur, de l'affrontement ou de la contradiction. La modalité même de la *réponse* va en ce sens ; la notion même de responsabilité suppose qu'il existe des choix possibles dont on veut répondre. La responsabilité s'érige contre la pensée unique et l'idée que les contraintes extérieures déterminent une seule solution. Avec le concept moral, la responsabilité est assumée, c'est-à-dire revendiquée.

Ce concept moral ne donne ni raison ni tort. Il n'est pas de l'ordre de la vérité spéculative. Il indique une posture par rapport à des choix qui sont des décisions ou des opérations. Il provoque la confrontation et le dialogue. Ces derniers peuvent fournir des éléments de vérité par la décentration qu'ils supposent et ils peuvent même infléchir une décision. La responsabilité met au jour, par principe, une variété de jugements et de perspectives qui exercent nécessairement une influence sur les décisions, mais le processus qui consiste à répondre devant l'autre est un processus de validation morale et non un processus de vérification. Si l'on ne postule pas que le cours du monde est moral – principe strictement idéologique –, le vrai n'est pas nécessairement le bien et l'agir bien ne dicte guère de vérités. Ni la morale ni le devoir ne peuvent jamais se réduire à l'intelligence des choses. Et si la phrase de Pascal parle de « vraie morale », il faut entendre cette vérité comme une authenticité retrouvée eu égard aux dégradations qu'a connues le discours moral à travers des manipulations sociales, politiques ou idéologiques qui l'ont figé dans des formulations toutes faites et des solutions prêtes-à-porter.

Territoire et pouvoir

Le concept moral de la responsabilité se prête mal aux définitions de type juridique qui sont dites avant tout pour couvrir le sujet de droit, individuel ou collectif, contre des imputations éventuelles. En revanche, la responsabilité morale n'est pas pensable en dehors d'un *territoire déterminé* qui peut être délimité. Elle s'annule si ce territoire constitue un ensemble vide ou s'il est infini. Si je suis responsable de tout, je ne suis responsable de rien. De même si je ne dispose d'aucun territoire sur lequel exercer un pouvoir, je ne suis responsable de rien non plus.

La prise de responsabilité ne saurait être une décision aveugle, elle suppose une condition nécessaire, c'est-à-dire un espace de liberté. Il ne s'agit pas d'une liberté métaphysique définie comme condition *a priori* de la responsabilité, mais d'une liberté effective dans un espace donné, c'est-à-dire d'une capacité de choix dans un territoire. C'est en ce sens qu'il faut entendre le mot de pouvoir. Ce pouvoir n'est pas nécessairement un pouvoir sur l'autre, mais un pouvoir de décider ou d'agir de telle sorte que l'autre soit concerné par mes opérations. La responsabilité peut passer par une hiérarchie – « chef », donc responsable –, mais la série causale qu'engendrent mes actes n'est pas verticale en elle-même.

Elle peut l'être, ce qui donne une plus grande visibilité et une plus grande conscience de soi au pouvoir lui-même. Il est certain que le contexte démocratique dans lequel nous vivons conduit à relier le pouvoir et la responsabilité, mais il convient de bien préciser leurs rapports. En effet, le concept moral de la responsabilité – comme le concept juridique sur ce point – enveloppe l'idée même de pouvoir qui s'en déduit par analyse : le pouvoir est un ingrédient essentiel de la responsabilité. En revanche, la notion de pouvoir n'enveloppe guère celle de responsabilité. Le pouvoir peut être un pouvoir de fait comme le droit du plus fort – expression dont Rousseau disait justement qu'elle constitue un « galimatias inexplicable » du point de vue du droit –, ou cette loi de la jungle, ou ce despotisme qui s'exercent en maints temps et lieux de la vie sociale. Le rapport de force est une expression de ce pouvoir de fait. Mais dans « nos siècles démocratiques », comme dirait Tocqueville, les « progrès de l'égalité » engendrent l'exigence de responsabilité. Cette dernière est d'une certaine façon une expression du principe d'égalité. L'égalité n'est rien d'autre qu'un principe, car elle n'existe en rien dans les faits, mais elle s'affirme notamment dans le concept moral de la responsabilité. La volonté de répondre devant l'autre traduit ce fait historique. La notion de responsabilité ne se déduit pas analytiquement du concept de pouvoir, mais elle s'y relie synthétiquement, dans un processus intellectuel et historique qui transforme profondément notre représentation de la morale.

On admet donc de moins en moins qu'un pouvoir refuse la responsabilité. S'il le fait, l'exigence de réponse prend un tour juridique. D'une certaine manière, c'est ce qui est arrivé à Bill Clinton. C'est aussi ce qui se passe dans les grandes entreprises lorsqu'on veut y imposer le gouvernement d'entreprise (*corporate governance*) dans les conseils d'administration en refusant l'autocratie qui peut encore caractériser le pouvoir des présidents directeurs généraux. Autrement dit, le droit et la justice constituent un recours contre les pouvoirs refusant d'assumer la responsabilité morale qu'on attendait normalement d'eux.

On voit donc que le refus de s'engager sur un concept moral de la responsabilité pour qui dispose aujourd'hui d'un pouvoir sur autrui s'abîme dans des procédures qui relèvent du concept juridique de la responsabilité. L'exigence de l'autre se substitue à la volonté absente du responsable. Ce n'est pas une situation souhaitable, car elle entraîne dans son sillage le cortège de perversions propres à la notion juridique de responsabilité. Mais en même temps elle est inévitable, car il est logique que la responsabilité soit exigée quand elle n'est pas assumée. C'est en cela que les concepts juridique et moral de la responsabilité ne sont pas seulement contradictoires mais aussi complémentaires. L'absence de l'un induit la présence de l'autre. Elle l'induit d'autant plus que l'attente déçue d'un engagement moral des responsables apparaît comme un défaut, c'est-à-dire comme le manque d'une qualité qui semble aujourd'hui postulée.

« Responsable mais pas coupable »

Il ne suffit plus aujourd'hui d'affirmer « je suis responsable, mais pas coupable », même si l'on prend cette formule dans son interprétation la plus positive. Dans ce cas, on comprend que le ministre reconnaisse que les faits catastrophiques se sont produits dans un territoire sur lequel il disposait du pouvoir, mais qu'il pense ne pas avoir commis de faute (*culpa*, coupable). Mais, en dehors de tout procès d'intention qui conduirait à une interprétation beaucoup plus négative – ce qui fut le cas et reste dans les mémoires –, il ne suffit pas de se dire responsable, il faut vouloir répondre sans attendre que la justice vous somme de le faire, sans entrer dans une logique de défense et de dénégation. Il faut alors le geste déjà cité de Pierre Guillaumat, PDG d'Elf, au moment de l'affaire des avions renifleurs : « J'étais le chef, donc le responsable et je ne tolérerai pas qu'un seul de mes subordonnés soit poursuivi. »

Préférer vouloir répondre que d'être contraint de répondre, ce n'est pas un choix d'anticipation, c'est un choix moral, c'est l'application du principe de responsabilité.

C'est pourquoi la fameuse phrase de Georgina Dufoix a été aussi mal perçue. Dans sa formulation, elle se situait déjà dans une logique de défense – même si en droit pénal elle était très contestable. Le concept moral de la responsabilité passe par l'idée d'une volonté et il s'oppose donc à sa formulation. Si le territoire sur lequel on dispose d'un pouvoir est un ministère, on attend logiquement du ministre la volonté de répondre, surtout devant ceux qui sont concernés au premier chef par les actes en cause, c'est-à-dire les hémophiles contaminés.

Mais, dans le cas particulier de Georgina Dufoix, l'on retrouve un problème sur lequel nous reviendrons : le problème du cumul des mandats. On ne peut à la fois être ministre de la Santé et des Affaires sociales, ministre porte-parole du gouvernement, conseiller général du Gard, membre du comité directeur du parti socialiste, candidate aux législatives à venir (1986) à Nîmes, avec toute la série des responsabilités annexes que ces fonctions entraînent ; on ne peut cumuler toutes ces fonctions et reconnaître une responsabilité réelle dans chacune. C'est bien un problème de pouvoir et de territoire : si le responsable doit avoir un pouvoir sur un territoire donné, il ne peut avoir trop de pouvoirs dans trop de territoires. La responsabilité morale supposant quelques questionnements dont nous avons vu qu'ils n'étaient pas toujours simples – notamment dans l'identification des autres –, elle relève aussi de nos allocations de temps et de notre disponibilité réelle.

Du territoire vide au territoire infini

Le territoire réduit à un ensemble vide annule tout pouvoir et tout espace de liberté. C'est ce qui se passe trop souvent dans certaines entreprises qui font une promotion excessive de la responsabilité comme principe de management, alors même que des salariés, sur une chaîne de production ou dans des fonctions administratives, ne disposent d'aucun territoire délimité.

Mais le thème de la responsabilité infinie ne vaut pas mieux. Personne n'est jamais responsable de tout devant tout le monde. L'autre ne peut être indéterminé, ni le territoire ni le pouvoir. Cela ne signifie pas que nous soyons indifférents aux malheurs lointains, mais que notre responsabilité ne concerne pas n'importe qui, n'importe où. Le concept moral de la responsabilité n'utilise pas la mauvaise conscience comme ressort. Ce n'est pas son genre de beauté. A chacun ses responsabilités, selon son territoire, selon son pouvoir. Je ne peux être partout à la fois, aux Restos du cœur et en Somalie, à Vaulx-en-Velin et en Bosnie. Me sentir responsable de ce qui se passe là où je ne suis pas, là où rien ne dépend de moi, parce que précisément je suis ailleurs, là où quelque chose ou quelqu'un dépend de moi, n'a pas de sens. C'est d'ailleurs ce qui donne son sens à la question *qui est l'autre ?*, comme question qui ne veut jamais laisser l'autre dans l'indétermination : une responsabilité infinie laisse l'autre indéfini, sans identité, sans visage. Une responsabilité infinie est à proprement parler *inenvisageable*.

Cette idée de la responsabilité infinie produit la figure de la conscience malheureuse, inutilement malheureuse. Dans *La Sauvage*, Anouilh fait dire à son héroïne : « Il y aura toujours un chien perdu quelque part qui m'empêchera d'être heureuse. » Cette représentation culpabilisante est aux antipodes du principe de responsabilité. Elle désespère, elle attriste, elle anémie. La responsabilité est tout le contraire : volonté, joie de la volonté, engagement, action, etc.

Responsabilité naturelle et responsabilité contractuelle

Hans Jonas propose une distinction que je souhaite reprendre partiellement. Si j'admets comme Pascal qu'aucun philosophe n'a jamais pu enseigner une morale qui fût strictement la sienne aux autres hommes, je dois en même temps postuler qu'il existe, avant toute philosophie, une intuition immédiate de la responsabilité. L'objet spécifique de cette intuition, je peux le nommer « responsabilité naturelle ». C'est une responsabilité qui s'impose avant toute réflexion, comme allant de soi, même si j'ai toujours la possibilité de la transgresser. Le modèle de cette intuition est le sentiment très vif qui est le mien quand je porte mon nourrisson dans les bras. D'une certaine manière, ce bébé m'impose la responsabilité par sa présence et son existence mêmes. Cette intuition dépasse toutes les considérations qui ont présidé à sa conception ou à sa naissance. Peu importe qu'elles soient le fruit du hasard, d'une erreur de calcul ou d'une imprudence. La paternité se construit dans cette intuition.

La responsabilité contractuelle relève d'une décision, c'est-à-dire d'un moment crucial dans lequel je décide que quelque chose ne sera plus comme avant. Je pourrais ne pas décider de prendre cette responsabilité, mais dès lors que j'ai pris cette décision positive, tout doit se passer comme s'il s'agissait d'une responsabilité naturelle. La prise de responsabilité est un engagement de faire, la résolution de devoirs à venir, la volonté de répondre devant l'autre, tous éléments qui s'imposent de mon propre gré à partir du moment où j'ai endossé la responsabilité.

Concrètement, si je décide de me présenter à un scrutin électoral, si je deviens maire d'une commune, dès que je prends cette responsabilité, je veux répondre de mes décisions et actions devant mes électeurs. A partir de ce moment, je n'ai plus de circonstances atténuantes. Cette responsabilité est morale puisque je n'ai juridiquement pas de comptes à rendre hors des faits délictueux ou criminels, ce qui serait du ressort de la justice. D'ailleurs, même si j'ignore tout du droit, je sais que je ne peux répondre devant mes électeurs de faits comme le favoritisme, la prise illégale d'intérêts ou le trafic d'influence. Je le sais en conscience avant de le savoir en droit. Pour l'élu local, « répondre », c'est toujours dire « c'est moi ! », mais la responsabilité morale consiste à anticiper la question elle-même, à la deviner pour être certain d'y pouvoir répondre. Il est alors impossible de se retrancher derrière des antécédents familiaux ou des problèmes de petite enfance : en cela la responsabilité contractuelle est bien l'analogue de la responsabilité naturelle dès que la décision a été prise de prendre cette responsabilité contractuelle. Comme élu, je sais que des décisions et des opérations en contenteront certains et en mécontenteront d'autres. Si je fais construire un lotissement de logements sociaux en un endroit donné, des contradictions peuvent apparaître entre écologistes locaux, riverains, travailleurs sociaux, etc. Face à une décision comme celle-ci, la responsabilité est clairement délimitée comme se déduisant du pouvoir de l'élu local sur le territoire de sa commune.

La place du sujet dans la responsabilité

La responsabilité morale n'est jamais collective. Elle repose toujours sur un sujet conscient de ses actes, capable d'un « je veux », compétent pour identifier l'autre ou les autres, jouissant d'un pouvoir sur un certain territoire. La personne humaine est le support de la responsabilité. On ne peut lui substituer aucune personnalité collective. Le droit reconnaît bizarrement l'idée d'une « personne morale » pour évoquer une organisation et l'opposer à la personne physique. Ainsi le nouveau code pénal a-t-il introduit la notion de « responsabilité pénale des personnes morales », comme cela avait déjà été fait dans d'autres pays européens. Cette responsabilité pénale implique d'ailleurs la constitution d'un casier judiciaire pour une organisation – une entreprise par exemple.

En termes de droit, cela peut se comprendre. Les personnes morales survivent souvent aux personnes physiques et il est nécessaire de les solliciter lorsque se posent des problèmes de dédommagement. Par ailleurs, il existe de nombreux contrats passés entre personnes morales qu'il faut faire respecter ou dont il faut réprimer les transgressions.

Le concept moral de la responsabilité est d'un autre ordre. Quelle que soit l'organisation en cause, une personne humaine est toujours capable d'agir en responsable, y compris en un sens contraire à celui de l'organisation. Un soldat de la Werhmacht peut toujours désobéir, un fonctionnaire de Vichy s'en aller à Londres. C'est pourquoi il me semble, par exemple, toujours fallacieux d'évoquer la responsabilité morale de la France dans la déportation des juifs. Que l'État français doive dédommager, et reconnaître les fautes commises par sa législation et ses fonctionnaires obéissants, c'est une attitude normale. Mais la France n'est pas en tant que telle moralement responsable, car la France n'est pas un sujet conscient et volontaire. De Gaulle pouvait se faire une idée de la France, mais la France n'a pas d'idées, ni de volonté. La France est une entité non responsable, par principe.

Les hommes et les femmes de Chambon-sur-Lignon qui décident de protéger les enfants juifs de leur commune font individuellement preuve d'une grande responsabilité morale. Mais leur décision, pour être collective, concerne chaque personne volontaire. Cet exemple montre bien qu'il y a évidemment bien des relations entre la responsabilité individuelle et le collectif, mais ce dernier n'a pas d'autre personnalité propre que la somme des personnes qui le composent. Les débats au sein du conseil municipal engagent sans doute la commune, mais moralement ce sont les individus qui comptent.

Dans tout collectif, il existe des majorités et des minorités dont l'addition ne constitue pas un sujet conscient, volontaire et responsable. Face à une mauvaise décision, même majoritaire, le concept moral de responsabilité crée souvent un devoir de désobéissance qui dissout ou fait exploser la personnalité morale qu'aurait voulu se donner le collectif. La désobéissance du général de Gaulle en est un bel exemple. Le fait même qu'il ait tant parlé de la France comme d'un sujet, à partir du moment même où sa responsabilité personnelle lui faisait contredire l'État français, montre bien à quel point cet usage reste subjectif et arbitraire.

On a souvent raisonné ainsi en parlant de « la Société » et en en faisant un sujet responsable : c'est la faute à « la Société ». On fait quelquefois de même avec « le Marché » ou « les Marchés » qui décident, agissent et sont responsables de hausses ou de baisses de prix. Que signifient ces sortes d'anthropomorphisme ? Ils sont, me semble-t-il, très imprégnés d'un schéma de raisonnement marxiste. En effet, pour Marx et ses épigones, la bourgeoisie a toujours eu des intentions et des stratégies. Il n'existe pourtant que des bourgeois comme ceux de Brel qui se ridiculisent à l'hôtel des Trois Faisans. Jamais personne n'a rencontré « la » bourgeoisie. Il est vrai que Marx pensait en des termes analogues « le » prolétariat. Et Jaurès y voyait la belle idée d'incarner un idéal dans une classe messianique et responsable.

Je suis convaincu que le concept moral de la responsabilité est un concept postmarxiste. Il n'est guère étonnant que le principe de responsabilité soit un principe moral émergent au moment où tous les socialismes d'inspiration marxiste se sont écroulés. La responsabilité faisait la part trop belle et surtout trop importante à l'individu pour émerger en des temps où la pensée marxiste dominait la pensée. C'est incontestablement l'histoire qui a rompu les digues et qui a fait cesser le clivage droite/gauche sur la question de la responsabilité.

Althusser, qui fut mon maître à Normale sup, nommait « abstractions scientifiques » ces constructions de concepts – la bourgeoisie, le prolétariat, la lutte des classes, le mode de production, etc. – par lesquelles Marx construisait une nouvelle science en instaurant une rupture épistémologique avec l'expérience commune. Personne, disait-il, n'a jamais touché avec les mains ni vu avec les yeux la bourgeoisie ou le prolétariat. Il n'y a que des hommes et des femmes, exploiteurs ou exploités, mais le concept même de bourgeoisie ou de prolétariat est une abstraction. D'ailleurs ni l'un ni l'autre ne sont, à proprement parler, des sujets de l'histoire, mais c'est leur relation d'antagonisme qui fait de l'histoire un procès sans sujet. Cela dit, dans l'argumentaire politique, la bourgeoisie et le prolétariat devenaient bien des sujets à part entière et ces abstractions étaient, pour chacun, dotées d'une conscience, d'une conscience de soi et d'une volonté. Comme ces éléments étaient effectivement introuvables dans la réalité concrète, il se formait des organisations qui exprimaient et représentaient leur conscience de soi. Ainsi, le parti communiste pour le prolétariat. C'était d'ailleurs le grand progrès effectué, pensait-il, entre la notion de pauvre et la notion de prolétaire. Le pauvre demeurait dans une multiplicité inconsciente d'elle-même, dans une pluralité passive (« les pauvres »), tandis que le prolétaire était avant tout défini comme l'élément d'une totalité (« le prolétariat ») dont le parti communiste exprimait la conscience et surtout les intérêts avec une vocation messianique très définie. Aussi la totalité préexistait-elle à l'individu dans le cas du prolétaire, tandis que le pauvre demeurait dans l'atomicité inopérante. Dans ce cadre, le concept de responsabilité morale était impensable. On le rapportait plutôt à une idéologie dominante qui enferrait l'individu dans un rôle inefficace et dans un désespoir total que seul pouvait améliorer l'opium du peuple.

Nous avons aujourd'hui abandonné ces références qui se sont abîmées dans des catastrophes multiples. Le « diktat » du prolétariat est un mauvais souvenir. L'exclusion s'est substituée au prolétariat. La comparaison des deux termes montre bien leurs différences. Les exclus demeurent dans la même pluralité que les pauvres, puisque l'exclusion désigne un processus et non une classe sociale ou une totalité. Mais la relation entre les pauvres et les riches n'impliquait aucune relation de causalité : il s'agit d'un point de vue descriptif, d'une comparaison à l'intérieur d'une même société, ou entre des sociétés ou des pays différents. Au contraire la force des concepts construits de prolétariat et de bourgeoisie résidait dans cette causalité essentielle qui les faisait s'entretenir l'un l'autre par les biais de l'exploitation, de la domination et de l'aliénation. « La bourgeoisie est son propre fossoyeur », écrivait Marx pour dévoiler le processus dialectique d'engendrement réciproque qui s'achèverait dans la révolution socialiste. Avec le concept d'exclusion, réapparaît bien une causalité : l'exclu ne s'exclut pas tout seul. Son concept exprime bien un processus, un mouvement de rejet, une mise à l'écart. L'exclu n'est pas le marginal qui déciderait de sa marginalité, comme un homme pouvait faire de la pauvreté une vertu. L'exclu est « mis dehors » comme pouvaient l'être un communiste dissident ou un élève récalcitrant. Il est « mis dehors », c'est-à-dire dans la rue ou dans des banlieues difficiles aux limites de la société civilisée. Cette notion d'exclusion s'oppose radicalement à une grande tradition républicaine qui est celle de l'intégration.

Ce processus peut être politiquement combattu par des politiques de mixité sociale dans l'habitat (voir loi Besson) ou d'emploi et de solidarité (voir loi contre l'exclusion de Martine Aubry). Mais l'exclusion accomplit le cycle de la valorisation du travail. A une époque où quelques esprits fumeux évoquent « la fin du travail », c'est le chômage, c'est-à-dire l'absence d'emploi qui produit au premier chef l'exclusion. Les mesures utiles qui ont été prises avec les aides aux chômeurs, les minima sociaux ou le RMI combattent la pauvreté et le dénuement dans l'exclusion, mais pas l'exclusion elle-même.

Or quand on examine les autoscopies d'exclus réalisées

sous l'impulsion de Claude Alphandéry, les travaux de ATD-Quart monde ou de la Fondation créée par Martine Aubry (FACE), on constate l'importance nouvelle du concept moral de responsabilité. L'exclusion se caractérise d'abord par l'absence de responsabilité avec tout ce que cette absence suppose comme défaut de pouvoir, comme défaut de territoire, comme défaut de confrontation à l'autre. Lorsque Guy Bedos et FACE montèrent le spectacle *Quartiers libres* avec des jeunes de Vaulx-en-Velin, ce fut une des premières notions en jeu. Chaque jeune se savait une responsabilité par rapport à un collectif : s'il arrivait en retard à une répétition parce qu'il n'avait pas su se lever le matin, il nuisait à l'ensemble ; tous étaient, ensemble, responsables d'un spectacle face à un public, et en même temps responsables de leur Vaulx-en-Velin face à ce public. Sans idéaliser cette expérience dont bien des aspects furent encore très contradictoires, on y décèle un élément primordial dans la sortie de l'exclusion.

Plus la responsabilité s'impose comme principe moral émergent dans notre société, plus la responsabilisation peut être définie comme un processus d'intégration. C'est d'ailleurs une des limites principales du RMI qui a davantage été conçu comme une aumône nécessaire que comme un moment et un mouvement d'intégration et de responsabilisation. Les débats très vifs sur ce sujet au sein du gouvernement Rocard – qui a eu le mérite souvent oublié de créer le RMI – ont fini par privilégier le revenu minimum par rapport au mouvement d'insertion.

Le concept moral de la responsabilité ne tombe donc pas du ciel. Il se situe dans un contexte historique déterminant : la fin des idéologies collectivistes, l'apparition d'un marché mondial, la déroute d'une morale archaïque, la déréliction causée par une absence de discours moral dans l'espace public, l'insuffisance des traditions et des recettes toutes faites, la montée des exclusions, l'exigence d'égalité, les transformations du management, les limites de l'efficacité politique, l'insatisfaction engendrée par le libéralisme triomphant sont autant de facteurs explicatifs. C'est en s'étayant sur la conscience morale présente en chaque personne que ces facteurs contribuent à l'émergence du principe moral de responsabilité.

Le risque

Le risque est inséparable de la responsabilité, il en constitue même un des premiers ingrédients. Prendre une responsabilité, c'est toujours admettre de prendre un risque. C'est pourquoi certains refusent ce mouvement ou le fuient. Même si cette responsabilité n'est pas conçue de façon juridique en fonction de dommages, de victimes et de poursuites, elle constitue un risque puisqu'elle réclame la confrontation avec l'autre ou le regard de l'autre. Le « je veux » est un risque, c'est-à-dire l'épreuve d'une liberté.

Le pouvoir engendre le désir, il peut corrompre, il ouvre des possibles pour qui l'occupe sans conditions. Mais dès qu'il s'assortit de la responsabilité, tout change. Le pouvoir n'a plus alors à être critiqué comme tel. Il est une ouverture, un champ d'expériences, un lieu décisif parce que décisionnel. Il est logique qu'on dise plus volontiers publiquement « je suis prêt à prendre cette responsabilité », plutôt que « je veux prendre le pouvoir ». Il faut évidemment vérifier sur pièces, car il s'agit souvent d'une pure rhétorique. La logique du pouvoir est parfaitement décrite par Machiavel qui distingue justement la morale de la politique. L'association de la responsabilité au pouvoir change complètement la donne, et les concepts de Machiavel ne sont plus applicables. C'est l'ambition d'une démocratie moderne que de contredire les forts raisonnements du Florentin.

L'homme de pouvoir, en effet, ne prend pas d'autre risque que de n'être pas assez intelligent ni rusé pour persévérer dans son être. Tant qu'il se pense intouchable ou au-dessus des lois, il peut toiser même la responsabilité juridique. Mais l'homme de responsabilité accepte le risque comme une donnée essentielle. Ce risque peut prendre plusieurs formes. On pense immédiatement au risque juridique et à tout ce qui peut se déduire de méfaits exécutés dans l'exercice d'une responsabilité dont on dit par avance qu'il faudra répondre.

Publicité

Mais le risque majeur, essentiel, c'est le regard de l'autre, ce mouvement par lequel on a décidé de *s'exposer*. Car le risque est avant tout d'exposition, comme on le dit sur un champ de bataille. En ce sens, le responsable est bien un homme public, c'est-à-dire un homme qui sort de sa sphère privée, de son intimité, de son quant-à-soi. Cet ingrédient est vrai de toute responsabilité naturelle et contractuelle. La République consacre ce fait dès la naissance de l'enfant et le registre d'état civil : cet enfant, j'en suis responsable devant la nation qui l'accueille et le reconnaît comme sien dans sa nationalité. Allant un peu plus loin, la pratique des baptêmes républicains voulait renforcer ce sens.

Il faut donc faire l'éloge du risque et de la publicité, comme de deux concepts voisins qui s'engendrent l'un l'autre à partir de la responsabilité. Je peux même, dans une société très médiatisée, aller jusqu'à inverser le raisonnement. La publicité – conçue comme le fait d'être une personne publique – constitue aujourd'hui un pouvoir considérable qui exige responsabilité. L'homme public dit des mots ou envoie des images qui sont immédiatement répercutées. Mais autant l'homme responsable sait qu'il devient un homme public – la publicité étant ce risque consubstantiel à la responsabilité –, autant l'homme public n'a pas toujours conscience de sa responsabilité, puisque sa publicité peut tirer son origine d'une tout autre raison ou d'une tout autre approche.

Tel est notamment le cas des pourvoyeurs d'informations que sont les journalistes des JT, de divertissements que sont les animateurs de télévision ou encore des présentateurs de magazines audiovisuels. Leur publicité constitue une forme moderne du pouvoir. Mais ce peut être aussi vrai de scientifiques éminents ou d'hommes et de femmes qui font autorité dans leur domaine, du sport à la philosophie. Je ne prétends pas que chacun, dans ce cas, doive avoir valeur d'exemple. Mais, dans le domaine précis où apparaît cette publicité, le pouvoir d'influence devient terriblement dangereux quand il s'abstrait de toute responsabilité. C'est pourquoi le concept moral de la responsabilité acquiert une pertinence toute particulière face à ces nouvelles formes de pouvoir. C'est pourquoi aussi une réflexion spécifique sur la responsabilité de chacun d'entre eux semble aujourd'hui nécessaire. Je ne pense pas que cette réflexion puisse s'opérer sans eux, car la responsabilité est toujours question d'appropriation personnelle. Tout l'intérêt de ce concept moral de la responsabilité consiste précisément en ceci : il peut solliciter les consciences sans leur imposer, de l'extérieur et de façon péremptoire, des solutions découvertes sans elles.

La responsabilité politique

J'ai évoqué la responsabilité de l'élu, c'est-à-dire de celui qui dispose d'un pouvoir sur un territoire, concrétisé par un mandat qui lui est accordé par les citoyens électeurs. Ce cas de figure est relativement clair, car tous les ingrédients de la responsabilité sont là, présents et évidents. Mais il existe également une responsabilité politique du citoyen lui-même. Avant d'en être empêché, j'avais souhaité inscrire ce thème au programme de l'éducation à la citoyenneté en classe de première, au moment où les jeunes sont inscrits automatiquement sur les listes électorales. Ce concept d'une responsabilité politique du citoyen n'est pas évident, car on peut se demander devant qui le citoyen est responsable. Certes, il dispose d'un pouvoir et d'un territoire même limités lorsqu'il remplit ce qu'on nomme à juste titre son « devoir électoral ». Mais la responsabilité politique ne peut se limiter à cela. La responsabilité politique correspond bien à ce que Montesquieu nommait *la vertu* et dont il disait qu'elle est le principe, le ressort, la passion dominante, voire l'âme de la République. Cette vertu consistait avant tout à faire passer l'intérêt collectif devant l'intérêt privé, non pas tout le temps, mais dans des moments cruciaux. Montesquieu regrettait presque que ce mot de vertu eût de si fortes connotations morales. Mais il avait raison d'utiliser ce mot. Il a animé depuis tous les manuels d'instruction civique et morale, il rend bien compte du fait que la République ne peut se passer de morale civique. Si le mot de vertu n'est plus bien compris aujourd'hui, s'il fait désuet ou suranné, c'est qu'il convient justement de le remplacer par la notion de responsabilité.

La vertu exprimait une attitude, un lien, un dépassement, une relation aux autres qui s'exprime bien dans la responsabilité. C'est une dimension morale du politique qui est inséparable de la République. Lorsqu'on naît en République, lorsqu'on y grandit, lorsqu'on s'y intègre, cette responsabilité est presque naturelle. Elle serait contractuelle si l'on supposait comme Rousseau ou Kant un contrat social explicite ou implicite. Elle exprime bien qu'on n'est jamais seul dans la République, que chacun peut et doit y jouer un rôle, qu'une conscience morale y est nécessaire, que la personne ne peut jamais s'isoler du collectif.

L'intérêt du concept moral de la responsabilité dans ce cas, c'est qu'il élargit le champ de la responsabilité politique. Celle-ci ne s'assume pas nécessairement dans la vie politique elle-même. La vertu devenue responsabilité politique peut se vivre dans l'association, dans l'humanitaire, dans la famille, dans l'État, voire dans l'entreprise, suivant les définitions qu'on y donne de l'autre.

Le devenir responsable

On ne naît pas responsable, on le devient. C'est une évidence pour la vie de tout homme. C'est donc une tâche essentielle de l'éducation, dans la famille et dans l'école. C'est aussi une tâche difficile, car l'éducation est plus complexe qu'elle n'a jamais été, pour les parents comme pour les enseignants. Jamais, depuis qu'il y a des enfants, ceux-ci n'ont été soumis à un tel réseau d'influences diverses et contradictoires. Ils n'entendent plus seulement les voix de l'école et de la famille ; ils sont débordés de sons et d'images, errant toujours dans des flux de paroles, de bruits, de musiques, de chansons, de slogans, de spots, de clips, etc. Ça pétarade et ça rappe ; ça crie et ça roucoule ; ça voyage et ça circule. Plus personne ne semble avoir la maîtrise de l'éducation. L'enfant devient adolescent en s'échappant, en vous échappant. Il grandit sans s'étayer sur un tuteur unique. Il agit et réagit à des sollicitations qui viennent de tous côtés et de tous horizons. L'éducation devient un problème neuf, un nouveau problème, comme on dit un nouveau-né pour qualifier celui qui vient d'apparaître, de sortir et de naître.

Autrement dit, la convergence de la famille et de l'école sur cette question de la responsabilité est aujourd'hui primordiale. Elle fait souvent défaut. Et il n'est guère évident que l'autonomie croissante des enfants et des adolescents corresponde toujours à un progrès de leur responsabilité. L'autonomie et la responsabilité sont deux concepts différents. Sans doute se croisent-ils en quelques moments, car la responsabilité suppose une certaine autonomie de la volonté de répondre, mais l'inverse n'est pas vrai : l'autonomie peut tout à fait s'accommoder de conduites non responsables.

L'enseignement de la responsabilité ne peut être entièrement didactique. Certes, il est bon que le collège ait mis cette notion au programme d'éducation civique de la cinquième, mais elle est présentée comme une valeur parmi d'autres sans être assez développée. La responsabilité s'enseigne dans la pratique et quelquefois dans des activités ludiques. On ne peut enseigner la responsabilité sans mettre en situation de responsabilité, ce qui donne le verbe « responsabiliser ». Cet enseignement passe par la reconnaissance du droit à l'erreur comme dans toutes les situations où l'on fait faire l'expérience de la responsabilité. C'est une bonne occasion d'en montrer le sens, la portée, les enjeux et aussi les ingrédients. Cette partie de l'enseignement est encore laissée trop souvent à l'arbitraire des professeurs. Dans le collège, de nombreux enseignants distribuent aux élèves des rôles qui sont autant de responsabilités prises devant la classe, si petites soient-elles. Dans le lycée, le cas est plus rare et cette carence explique en partie le mouvement lycéen de l'automne 1998. C'est pourquoi il est important que, s'éloignant des craintes coutumières qu'inspire la responsabilité juridique, les enseignants et les chefs d'établissement favorisent au maximum les initiatives que peuvent prendre les élèves dans le domaine des activités culturelles, des voyages, des sorties, etc. Dans l'école primaire, c'est certainement la pédagogie du projet telle qu'elle avait notamment été développée dans l'école

Vitruve qui fait prendre le mieux conscience de la responsabilité à chacun des jeunes élèves.

Dans la famille comme dans l'école, l'idée de responsabilité implique à la fois le droit à l'erreur et la sanction – positive ou négative, récompense ou punition – comme pratiques de ceux qui donnent ou reconnaissent des responsabilités. Les sanctions ne doivent donc pas être conçues comme des interventions transcendantes d'un pouvoir arbitraire, mais comme les conséquences logiques d'actes, d'opérations ou de décisions confrontés à la présence de l'autre. La démagogie des circonstances atténuantes ou des déterminations sociales finit par dé-responsabiliser tous les enfants et adolescents. La différence principale entre l'autonomie et la responsabilité réside précisément dans cette exigence du rapport à l'autre qu'impose la responsabilité, tandis que l'autonomie peut ignorer toute relation avec l'autre.

Cependant, il n'est pas de moment décisif pour faire l'apprentissage de la responsabilité. Ce sont souvent les circonstances et les situations qui accélèrent ce devenir responsable. Aussi la formulation que j'ai donnée de la responsabilité morale n'est-elle pas acquise tout d'un coup. L'idée du « je veux », comme mouvement préliminaire n'est pas toujours la première intuition. C'est souvent la confrontation avec l'autre qui va, pour des expériences futures, entraîner une formulation plus complète. Le concept de responsabilité, comme concept moral, ne requiert pas de compétences spécifiques. Ces dernières vont dépendre du type de territoire occupé et du type de pouvoir exercé. Le concept de responsabilité n'a pas de contenu intellectuel précis. Certaines philosophies morales ont développé l'idée d'un lien intime entre la connaissance et la moralité, sur le thème « l'ignorance est la mère du vice ». Ce n'est pas le cas d'une morale de la responsabilité.

Celle-ci dépend davantage d'un souci que d'une capacité

intellectuelle ou d'un stock de connaissances. Ce souci est avant tout souci de l'autre, souci de l'avenir, souci des conséquences de mes actes ou décisions. C'est pourquoi le culte de la compétition intellectuelle et de la performance qui s'est développé dans l'école républicaine est souvent très éloigné de toute morale civique. Ce que montre bien le texte de Jean-Jacques Goldman cité en prologue, c'est la responsabilité que chacun peut avoir là où il est, là où il officie, là où il est confronté avec d'autres.

Un enseignement intellectuel ne prédispose nullement à la responsabilité, il peut même lui être tout à fait contradictoire s'il s'appuie sur le lien effectif entre savoir et pouvoir qui domine souvent notre économie et ses rapports sociaux.

De quoi, de qui suis-je responsable ?

Dans l'acception juridique, la réponse aux questions *de quoi suis-je responsable ? de qui suis-je responsable ?* va de soi. Tout y est toujours défini en fonction des dommages que peuvent causer des êtres et des choses qui sont « sous » ma responsabilité. La préposition *sous* dit bien le pouvoir, la dépendance ou la propriété. Le pot de fleurs, l'animal domestique ou l'enfant sont placés juridiquement sous ma responsabilité. La faute et le risque se payent pour dédommager la victime.

Dans l'acception morale, les données changent et ce serait simplifier abusivement la morale de la responsabilité que de ne pas développer cet aspect important qui peut être effectivement lié à un pouvoir ou à une influence. Mais les deux questions ne sont pas équivalentes.

Le « de quoi ? » peut renvoyer à un objet qu'on a sous sa garde : un tableau, un coffre, une statue, un bâtiment, un bateau, etc. Le langage commun définit souvent, dans les organisations, des responsables comme le responsable de la qualité dans une usine ou le responsable des programmes dans une chaîne de télévision. Cette question renvoie donc directement au territoire de responsabilité pour essayer de le délimiter. Mais elle peut avoir d'autres ambitions, car, à travers un territoire donné, on peut être aussi représentant d'autre chose, de plus vaste et de plus important. Beaucoup d'entreprises insistent sur ce point auprès de leurs salariés, surtout pour ceux qui sont au contact avec l'extérieur : ils représentent l'entreprise et à ce titre sont responsables de son image. Cette remarque est sans doute encore plus vraie dans le cas des services publics. La responsabilité d'un agent public est liée à l'essence même du service public, c'est-à-dire à son identité propre. Puisque le service public doit toujours son existence à l'affirmation d'une mission – surtout s'il est un monopole –, la responsabilité de la personne qui y travaille met en jeu l'identité même de service public de l'organisation dans laquelle il travaille. Autrement dit, dans certaines situations, la personne responsable en « voulant répondre de ses actes ou décisions et de leurs conséquences devant l'autre » ne répond pas seulement pour elle-même ; le contenu de sa réponse est déterminé non seulement par le territoire sur lequel elle exerce un pouvoir, mais aussi par l'ensemble auquel elle appartient et qu'elle représente, puisqu'elle ne saurait se contenter de ne représenter qu'elle-même. En soi, cette question *de quoi suis-je responsable ?* ne modifie guère l'approche de la responsabilité morale, mais elle précise le contenu des actes et décisions dont il faut répondre en insistant sur le fait qu'ils ne peuvent demeurer dans une dimension purement individuelle. C'est pourquoi encore, dans notre existence personnelle, nous pouvons vivre plusieurs expériences de la responsabilité et toutes n'ont pas les mêmes modalités. Certaines sont très individuelles et personnelles, d'autres sont plus collectives. Il arrive qu'en nous engageant nous n'engagions pas seulement nous-mêmes, mais aussi l'ensemble auquel nous appartenons ou dans lequel nous travaillons ou militons.

La question *de qui suis-je responsable ?* est beaucoup plus délicate et beaucoup plus lourde quand elle est abordée sous son aspect moral et non juridique. Elle exprime un rapport de pouvoir sur autrui. Elle a traditionnellement été posée dans les organisations militaires et notamment dans la marine. Le commandant de bord est responsable de son équipage et pas seulement de son bateau. Le territoire et le pouvoir sont clairs et distincts. L'autre peut être un client ou la Nation, peu importe, car la relation à l'équipage est la même. Elle peut s'étendre à des passagers dans la mesure où l'on est responsable de leur sécurité. Ce cas peut être étendu à toutes les situations dans lesquelles une personne en prend d'autres « sous » sa responsabilité. Ce langage est souvent utilisé dans l'enseignement où l'on prend la responsabilité d'une classe, où l'on a des heures de service « en responsabilité », où l'on prend des élèves « sous sa responsabilité » lors d'une sortie scolaire. Le pouvoir et, dans le meilleur des cas, l'autorité sont toujours présents, comme données nécessaires. Le pouvoir et l'autorité s'exercent « sur » ceux qui sont « sous » ma responsabilité – et dont je suis responsable. C'est plus simplement le cas, naturellement, pour des parents à l'égard de leurs enfants, car l'intuition immédiate de la responsabilité – que j'évoquais avec le concept de responsabilité naturelle – se formule dans ces termes mêmes : je suis responsable de cet enfant qui vient de naître, et pour longtemps.

Cette idée fait apparaître une difficulté nouvelle. En effet, je suis bien souvent responsable de quelqu'un et en même temps devant lui-même. C'est souvent celui dont je suis responsable qui est l'autre, le premier autre, devant lequel je suis responsable. Cette formulation peut sembler mettre l'autre sous tutelle : comment puis-je avoir pouvoir *sur* lui et être responsable *devant* lui, alors qu'il est *sous* ma responsabilité ?

C'est là un des paradoxes les plus forts et les plus importants de la responsabilité morale. Il repose sur la pluralité des autres ; il pose à nouveau la question de la relation entre le concept moral de la responsabilité et les rapports de pouvoir. Reprenons l'exemple de la marine. Responsable de l'équipage, le commandant de bord est aussi responsable devant lui. Mais l'équipage, composé de personnes physiques, ne constitue pas la seule altérité. Le commandant a lui-même des donneurs d'ordre devant qui il est responsable de son parcours, de ses performances et du navire lui-même. Il doit en effet livrer des marchandises, transporter des passagers ou assurer une intervention d'ordre militaire. Dans la compagnie maritime comme dans la marine nationale, il a un chef. Ce chef lui a donné une mission et confié la responsabilité de cette mission. Il a ce qu'on nomme souvent des « ordres de mission ». L'obéissance n'est pas la responsabilité, car la responsabilité, comme nous l'avons vu, peut conduire à la désobéissance. C'est aussi vrai d'une mutinerie légitime que ça l'était du général de Gaulle ou d'un fonctionnaire de Vichy. Le chef ne peut donc jamais être la seule instance devant laquelle le responsable veut répondre de ses actes.

La notion morale de la responsabilité implique toujours un espace de liberté et des figures de l'altérité qui peuvent faire transgresser des ordres de mission. Le responsable n'obéit jamais « *perinde ac cadaver* », comme cela est imposé aux membres de la Compagnie de Jésus. Ceux-ci faisaient de l'obéissance une telle vertu d'humilité que Teilhard de Chardin se livrait devant Jean Guitton à cette confession étonnante : l'obéissance est vraiment une vertu quand le chef est un imbécile, car ce n'est pas très difficile d'obéir à un chef intelligent et sensé… L'homme responsable ne raisonne pas ainsi et l'auteur du *Phénomène humain* qui fut parmi les premiers à écrire sur la responsabilité a montré par son indiscipline les limites de son vœu draconien d'obéissance.

La situation du commandant de bord simplifie néanmoins les situations concrètes que nous connaissons tous, car les ingrédients de la responsabilité sont, dans sa situation, bien identifiables. Lorsque dans une entreprise on met en place des groupes de projet, on le fait dans un cadre analogue : pour bousculer les hiérarchies, une direction confie à un chef de projet la responsabilité d'atteindre, avec son équipe, des objectifs dans une durée déterminée. Le chef de projet « euro » ou « an 2000 », dans une banque, ressemble au commandant sur son bateau : il est à la fois responsable de son équipe, devant son équipe, devant celui qui lui a confié cette mission et devant l'ensemble de l'entreprise dans la mesure où son échec nuira à toute l'organisation.

Le concept moral de la responsabilité s'éprouve intensément quand apparaissent des contradictions entre les différentes instances – figures de l'altérité – devant lesquelles il s'est engagé à répondre de ses actes ou décisions. C'est le moment du conflit des devoirs. C'est quelquefois le moment des compromis. Il faut alors savoir quel est cet autre déterminant, décisif, devant lequel il faut répondre en priorité. C'est quelquefois aussi le moment sans compromis, le moment où l'on tranche en négligeant une des figures de l'altérité en considérant que le devoir impose de la négliger. C'est un moment difficile dans lequel la responsabilité s'éprouve comme le risque maximal, dans lequel l'autre devient presque soi-même, dans ce mouvement de *réflexion* qui nous amène à oser nous regarder dans un miroir. Généralement, cet instant de la décision est précisément l'instant dans lequel l'autre est celui dont nous sommes responsables et qui passe avant toutes les autres figures de l'altérité. Instant de désobéissance, instant décisif, instant qui sépare le passé et le futur. Non point atome du temps, mais atome d'éternité, comme l'écrivait si bien Kierkegaard.

Cette expérience, qui consiste à être responsable d'autres que nous, nous la faisons régulièrement. Il n'est pas besoin d'être amiral. Quand nous transportons des passagers dans une voiture pour un déplacement quelconque ; quand j'emmène des amis de mes enfants en vacances ; quand je prends en charge une classe. Ces exemples montrent divers aspects de la responsabilité.

Dans le premier cas, je suis maître de mon véhicule, j'en maîtrise tous les instruments. Il ne dépend pas de moi qu'un chauffard me percute en doublant en haut d'une côte, mais dépendent de moi ma vitesse, mon état éthylique, l'état de la voiture, ma prudence en général. Il dépend aussi de moi d'imposer que chacun mette sa ceinture de sécurité ou que les portes arrière soient bloquées de l'intérieur pour les petits. Certes, on ne me félicitera pas d'avoir amené mon petit monde à bon port, mais c'est quand même l'exercice d'une responsabilité avec tous ses ingrédients déjà décrits.

Dans le deuxième cas, si j'emmène un adolescent avec moi en vacances, si ses parents me le confient, il dépend de moi de m'être mis d'accord sur ce qui lui est autorisé et sur ce qui ne l'est pas. Je ne peux raisonner en purs termes de responsabilité juridique et lui interdire le vélo ou toute sortie de peur d'être inquiété par ses parents en cas d'accident. En revanche, il relève de ma responsabilité de veiller à ses fréquentations, à ses achats, à ce qu'il fume, à ce qu'il boit, etc., car il est placé sous ma responsabilité. Cette responsabilité morale est entièrement positive et je souhaite répondre devant lui comme devant ses parents de tout ce temps qu'il aura passé avec moi. S'il a un accident parce qu'il a mal utilisé son autonomie – en jouant à zigzaguer sur la route en vélo par exemple –, je serai peut-être juridiquement responsable mais pas moralement responsable. Être responsable de cet adolescent ne signifie pas lui ôter toute liberté, ce qui représente toujours un risque, comme toute liberté.

Dans le troisième cas, la responsabilité est plus complexe mais bien réelle et ce, pour plusieurs raisons. D'abord un enseignant n'est jamais seul face à une classe ; ensuite, dans cette classe travaillent des élèves qui sont par ailleurs sous d'autres responsabilités, notamment familiales. Ensuite parce que, dans cette responsabilité, coexistent plusieurs figures de l'altérité. Mais une responsabilité partagée n'en est pas moins une responsabilité. Une difficulté s'ajoute à cette situation, celle pour l'enseignant d'évaluer son propre travail et de mesurer son efficacité dans le cadre de sa mission. De plus, il n'est pas évident que les corps officiels aient la capacité d'évaluer sa responsabilité : ils sont en général plus soucieux de sa performance lors d'un cours auquel ils assistent que de sa responsabilité effective. C'est peut-être ce qui fait la grandeur de ce métier. L'enseignant qui fait de sa responsabilité un principe moral dans l'exercice de son métier est conduit à plusieurs pratiques qui sont cohérentes avec ce principe. D'abord, il essaye de connaître tout ce qui lui échappe et de faire se rencontrer tous ceux qui ont les élèves sous leur responsabilité : c'est le fondement des équipes pédagogiques auxquelles trop peu de temps est laissé et compté dans le métier d'enseignant ; c'est également la raison qui conduit à rencontrer les parents et à comprendre comment se partage l'exercice de la responsabilité entre l'école et la famille. Enfin, c'est le souci de connaître les avis, pensées et perceptions que les élèves eux-mêmes ont des cours qu'ils suivent. Toutes les peurs, toutes les distances, tous les replis qui existent aujourd'hui dans l'Éducation nationale contredisent le concept moral de la responsabilité. Ce concept est intégrateur de pratiques très diverses qui correspondent à l'accomplissement d'une mission. Il y faut beaucoup de résolution, car la reconnaissance est faible ou fugace. Les élèves et les inspecteurs ne font que passer. Et il n'est pas fortuit qu'en rencontrant d'anciens élèves on éprouve une intense satisfaction quand on prend conscience à travers leurs discours et leur gratitude de tout ce qu'ils pensent nous devoir.

Dans le métier d'enseignant, la responsabilité est donc confrontée à plusieurs figures différentes. Ceux dont nous sommes responsables d'abord, les élèves dont il faudra bien un jour cesser d'ignorer les avis et les jugements. Les familles qui nous confient leurs enfants. La Cité en général, puisque nous formons de futurs citoyens et que c'est la raison d'être du service public. Cette dernière remarque rejoint la question *de quoi sommes-nous responsables ?* Comme enseignants du service public, nous sommes aussi responsables de l'identité même de ce service public et de son intégration dans une République qui lui donne sa mission de formation et d'éducation. L'enseignement n'est pas une tâche solitaire. Ce constat n'est pas dû seulement à la présence des collègues ou des familles. C'est aussi une mission en elle-même collective qui ne peut être définie seulement par nous-mêmes. C'est en ce sens qu'il existe des programmes, des bibliothèques, des établissements, une administration, etc., qui encadrent un métier dont les plus grandes liberté et responsabilité restent délimitées.

Bien sûr le concept moral de la responsabilité ne concerne pas seulement les enseignants dans l'Éducation nationale. Et je suis convaincu qu'elle ne se réformera efficacement et effectivement qu'à partir de ce principe qui doit animer aussi bien les administrations centrales, les rectorats, les chefs d'établissement que les enseignants. Les divisions qui existent entre organisations et la multiplicité des revendications catégorielles pourraient s'estomper ou s'amender si le concept moral de la responsabilité était davantage au centre des débats. Les tensions excessives qui se manifestent entre un ministre qui veut réformer et des organisations ou des personnels qui résistent aux changements proposés proviennent avant tout du fait que les décisions prises ou envisagées ne s'intègrent pas assez dans le cadre de la mission de l'école publique et de la responsabilité propre à chaque enseignant. Ce n'est pas une question de communication, c'est une question de sens et de perspectives.

L'égal

Dans les exemples que j'ai pris pour illustrer mon propos sur le concept moral de la responsabilité, j'ai privilégié les cas dans lesquels les responsables disposent de pouvoirs exercés sur des autres devant lesquels ils sont responsables au titre même de ce pouvoir. Quand j'avais écrit *Le Temps des responsables*, Michel Serres m'avait justement fait cette objection qui m'a conduit à préciser ma réflexion sur l'autre : qu'en est-il de la responsabilité à l'égard de l'autre qui est mon égal, sur lequel je ne dispose d'aucun pouvoir ?

On a pu voir ainsi, sur ces cas de pouvoir eux-mêmes, que la variété des figures de l'altérité en cause mélangeait des statuts très différents, quelquefois supérieurs, quelquefois inférieurs, quelquefois égaux – ces expressions n'étant prises qu'au sens du pouvoir social, économique ou politique.

Il importe donc de bien préciser le statut du pouvoir dans le concept moral de la responsabilité. Ce pouvoir est un « pouvoir de » avant d'être un « pouvoir sur », mais dans notre société l'un exprime souvent l'autre ou se traduit par lui. Le « pouvoir de » est un pouvoir « sur » un territoire et dans ce territoire s'agitent souvent d'autres hommes. Mais, en même temps, le concept moral de la responsabilité est une expression contemporaine du principe d'égalité : l'égal attend une réponse, même si l'on ne dispose d'aucun pouvoir sur lui. Le concept moral de la responsabilité implique une exigence légitime de l'autre, mon égal. Comme je connais par avance cette exigence, la responsabilité consiste précisément à vouloir répondre devant lui. Devant ma femme, mes amis, mes amies, mes frères, mes sœurs, je peux être responsable, même si je n'ai aucune relation de pouvoir avec eux. Tout dépend des circonstances et des opérations. Certaines les concernent, d'autres pas.

L'exemple de la sexualité

Cette question se pose notamment dans les relations sexuelles. Quand j'insiste sur le fait que la morale s'est discréditée à force d'être obnubilée par le sexe, cela ne signifie pas que la sexualité échappe à tout concept moral. Si l'on excepte les cas de harcèlement ou d'abus de pouvoir, la relation sexuelle est le type même d'une relation qui se déroule entre égaux. Il serait incongru de l'abstraire de toute responsabilité. J'avoue avoir été quelque peu indigné d'un film comme *Les Nuits fauves* qui, plus encore que le roman, constitue une sorte d'éloge de la non-responsabilité dans les relations sexuelles, avec ses relents insupportables de fascisme et de nazisme qui apparaissent par séquences dans des flashes significatifs. La sexualité ne se situe pas dans un *no man's land.* Elle est susceptible de questionnements comme n'importe quelle activité humaine. Elle l'est certainement encore plus que d'autres, car elle constitue une activité qui est la plupart du temps en relation avec l'autre. Susciter de la joie, du plaisir, de la douleur, de la souffrance ou de la mort n'est guère indifférent. A notre époque, il faut certainement donner tout son sens à la relation sexuelle, au plaisir et au désir. Il s'agit effectivement d'une *relation.* Participant récemment à un débat avec des étudiants, j'écoutais certains se plaindre d'être une génération perdue et maudite, la génération du chômage et surtout du sida qui compromettait toute relation sexuelle libre. Je réagis vivement en faisant remarquer que, depuis le début de l'histoire de l'humanité, la relation sexuelle n'avait connu qu'une très courte fenêtre de liberté, entre la pilule et le sida. On avait toujours dû y associer des devoirs. Certes, ces devoirs étaient en grande partie le fait de contraintes naturelles (grossesse) ou pathologiques (sida), mais ils avaient toujours été associés à la relation sexuelle. La liberté sexuelle n'a pas de sens en dehors d'un sentiment de responsabilité. La sexualité est un élément fondamental de la personnalité, de l'existence, du devenir de chacun. Or, dans cette courte fenêtre de liberté, la *relation* a été sous-estimée et la sexualité a été promue comme si toute *relation* s'identifiait à une simple masturbation. Elle est tout le contraire, ou tout l'autre. Le premier coït n'est pas la première cigarette.

On ne peut à la fois reconnaître une grande importance à la sexualité dans la vie affective et faire comme si elle n'impliquait pas de devoirs. Il est rare que la relation sexuelle soit totalement banalisée. Elle ne peut sans doute pas l'être, en dépit de discours divers. Sans parler seulement des effets infectieux ou des risques de grossesse, la responsabilité est en jeu dans les effets sur la personne : les liens affectifs, les significations que chacun y investit, les espoirs et les déceptions, les illusions, tout entre en jeu plus que dans n'importe quelle relation entre deux êtres humains.

Responsable devant la nature ou de la nature ?

L'autre peut-il être la nature ? C'est une question fondamentale que pose Michel Serres dans son livre, *Le Contrat naturel*. Sa thèse a beaucoup choqué. De petits esprits y ont même vu des relents pétainistes. Pourtant la fable qu'il nous présente au début de son livre en commentant un tableau de Goya dans lequel des duellistes s'affrontent « jusqu'aux genoux dans la boue » est très éclairante : « *Chacun pour soi, voici le sujet pugnace ; voilà, deuxièmement, la relation combattante, si chaude qu'elle passionne le parterre qui, fasciné, participe de ses cris et de ses louis.*

Et maintenant : n'oublions-nous pas le monde des choses elles-mêmes, la lise, l'eau, la boue, les roseaux du marécage ? Dans quels sables mouvants pataugeons-nous de conserve, adversaires actifs et malsains voyeurs ? Et moi-même qui l'écris, dans la paix solitaire de l'aube ? »

Qu'il s'agisse de guerre, de contrat social ou de Déclaration des droits de l'homme, le raisonnement reste le même, « *nous ignorons et passons sous silence le monde. Nous ne le connaissons plus parce que nous l'avons vaincu. Qui respecte les victimes ? [...] Une fois de plus, il nous faut statuer sur les vaincus, en écrivant le droit des êtres qui n'en ont pas* ».

Ces phrases très fortes, entre poésie et philosophie, provoquent une réflexion sur une altérité nouvelle, négligée et humiliée. De parasites, nous devons devenir symbiotes – « *le parasite prend tout et ne donne rien ; l'hôte donne tout et ne prend rien. Le droit de maîtrise et de propriété se réduit au parasitisme. Au contraire, le droit de symbiose se définit par réciprocité : autant la nature donne à l'homme, autant celui-ci doit rendre à celle-là, devenue sujet de droit* ». Cette idée que la nature devienne sujet de droit a été l'objet des plus vives critiques. Elle permet, dans le cadre du concept moral de responsabilité, d'en faire une figure de l'altérité. Nous avons du mal à penser que quelque chose puisse contracter s'il n'est capable de signer, s'il n'est libre de signer, s'il n'est doté d'une conscience pour signer ou ne pas signer. La belle idée est peut-être plus poétique que philosophique, ce qui ne la rend pas moins nécessaire et cruciale. Dans le cadre de notre analyse du concept moral de la responsabilité, il faut la reprendre comme telle, ce que faisait déjà Hans Jonas. Après tout le contrat social n'a jamais été passé par personne, mais Kant disait qu'il fallait « faire comme si ». De même le contrat naturel ne sera jamais passé par personne, mais il faut « faire comme si ». Toute l'humanité est concernée par notre parasitage de la nature. Plutôt que d'en avoir des représentations émiettées, jamais intégrées, à travers les figures de l'altérité qui toutes sont concernées par tel ou tel élément de la nature – y compris et surtout les générations futures –, sans doute vaut-il mieux faire comme si la nature était une figure de l'altérité en elle-même, c'est-à-dire un horizon indépassable de responsabilité. Nous devons répondre de la nature en tant que nous la transformons et l'affectons de mille opérations diverses, en tant qu'elle est sous notre responsabilité, en notre pouvoir. Il nous faut réfléchir aux moyens de répondre aussi devant elle-même, car la dissémination des approches fragmentées peut nous conduire à des erreurs et à des fautes irréversibles. C'est sans doute le sens le plus important qu'on puisse donner au mouvement écologiste. En se plaçant d'emblée du côté de cet autre de l'homme qu'est la nature, il nous pousse à en faire une figure originale de l'altérité.

Nous savons d'ailleurs qu'en regardant au plus loin des séries causales que nous engendrons par nos actes, nous pouvons prévoir que la nature en sera affectée ou non. Il en est de même pour les figures de l'altérité devant lesquelles nous voulons répondre en fonction de leurs liens spécifiques avec tel ou tel partie ou morceau de cette nature. Prendre comme principe que la nature est une figure de l'altérité à toujours considérer, c'est, d'une certaine manière, faire l'économie d'une exploration coûteuse et lointaine des conséquences de nos actes, effectuée, chaque fois, en fonction d'impératifs différents et disséminés. L'idée de Michel Serres permet d'intégrer, dans un raccourci décisif, des données trop éparses.

Mais, en même temps, la nature ne saurait être la figure dominante de l'altérité. Comme j'ai essayé de l'expliquer, le concept moral de la responsabilité consiste souvent à faire des choix, dans le cadre de conflits de devoirs. Cet acte qui consiste à « prendre ses responsabilités » interdit de passer un contrat naturel qui prime sur toutes les relations avec les autres. C'est chaque fois une question de jugement et de réflexion.

Responsabilité et mensonge

De façon générale, le concept moral de la responsabilité s'accorde très mal avec le mensonge. En effet, le fait de vouloir répondre de ses actes ou décisions devant l'autre produit un élément de vérité incontestable. On ne se cache pas, on ne biaise pas, on ne dissimule pas, si l'on veut répondre. Mais contrairement au raisonnement kantien, le mensonge n'est pas condamné pour des raisons absolues. Si on prend l'exemple qui fit polémique entre Constant et Kant, notre verdict ne serait pas kantien : si je cache un homme poursuivi par la police et si j'accepte de le faire à sa demande, je ne répondrai pas positivement à la question des policiers sur sa présence chez moi. Je mentirai sans vergogne, car il est sous ma responsabilité et je suis responsable devant lui de l'engagement que j'ai pris de le cacher. La vie est souvent faite ainsi : pour ne pas mentir à l'un, il faut quelquefois mentir à l'autre. C'est le principe de responsabilité qui peut trancher. Le politique le sait bien : s'il doit dévaluer la monnaie, il doit absolument le cacher pour éviter de précipiter le processus. Il serait non responsable qu'il fît le contraire.

C'est pourquoi cette relation à la vérité qu'entretient nécessairement le principe de responsabilité n'est pas univoque. Elle ne s'impose que dans le cadre des figures de l'altérité devant lesquelles je veux répondre ou dans le cadre des choix décisifs que je dois faire entre ces figures lorsque je « prends mes responsabilités ».

Les responsabilités emboîtées

Dans de nombreuses organisations, apparaît une sorte d'emboîtements des responsabilités. Que ce soit par délégation formelle, par éloignement ou par volonté de décentraliser, des décisions peuvent être prises sans que le plus haut responsable en soit informé. La justice joue un grand rôle pour déterminer les parts de responsabilité. Dans les entreprises se posent régulièrement les cas d'accidents du travail, de corruption ou de pollution. Ce ne sont là encore qu'exemples négatifs susceptibles d'une procédure judiciaire. La SNCF peut-elle être dite responsable de l'erreur d'un cheminot ? Doit-ce être l'entreprise ou son dirigeant ? Le patron d'une entreprise de transport est-il responsable d'un excès de vitesse de ses chauffeurs ? Le président d'un grand groupe peut-il être responsable d'une faute commise par une de ses filiales ? Les mêmes questions se posent dans les administrations et les associations. Elles ne se posent pas de la même façon d'un point de vue juridique et moral. En droit, la jurisprudence a tranché dans la plupart des cas. Il existe même des sortes d'imputations mécaniques de la responsabilité dans des typologies précises. Moralement, le traitement est nécessairement différent. Deux perspectives différentes se croisent et s'opposent. D'un côté, la responsabilisation du seul haut responsable tend à faire penser que tous les autres hommes de l'organisation sont considérés comme non responsables, voire irresponsables. Ou cette affirmation est infamante ou elle correspond à une réalité de l'organisation. D'un autre côté, le plus haut responsable peut définir des objectifs qui contraignent d'autres hommes, subordonnés, à commettre des fautes ou des erreurs pour atteindre ces objectifs. C'est par exemple le cas lorsque des commerciaux sont amenés à pratiquer la corruption active ou des chauffeurs à transgresser des règles de sécurité. Les systèmes juridiques de délégation ne rendent pas toujours compte de ces éléments et les évaluations juridiques peuvent être très différentes des évaluations morales.

Le concept de responsabilité et les grandes vertus

La responsabilité est le principe moral émergent de notre temps. Cette affirmation ne signifie pas que les autres vertus, consacrées par le temps, l'histoire et la tradition deviennent caduques. Il n'existe pas, dans l'histoire du devoir, du bien et du mal, de rupture absolue ou radicale. La conscience morale se plie mal aux révolutions. Reprenons la liste des vertus qu'a patiemment analysées André Comte-Sponville dans son petit traité. Il commence par un beau texte sur la politesse « qui n'est pas encore la morale » et termine par l'amour « qui ne l'est déjà plus ». Dix-huit vertus dont il convient qu'elles pourraient être plus nombreuses. Jacques Duquesne, dans son essai plus littéraire que philosophique, en dénombre trente-six, soit vingt-sept de plus, puisque neuf vertus analysées par Comte-Sponville sont absentes de son texte. Le problème ne réside pas dans le dénombrement, mais dans l'approche théorique du problème moral. Chaque texte de Comte-Sponville est séduisant. L'écriture contribue à justifier son succès que seuls quelques jaloux trouvent méprisable. Le fait même que maints non-philosophes aient pris ou repris goût à la philosophie en lisant ce petit traité est une bonne nouvelle. Ce plaisir est un gage d'efficacité, comme le miel que Lucrèce voulait mettre sur les bords de la coupe qui contient un breuvage amer en écrivant de la poésie pour dire sa philosophie. Comte-Sponville a raison sur un point essentiel, le plus pédagogique : les vertus qu'il analyse relèvent d'une tradition. Elles sont immédiatement comprises comme vertus. Son rôle de philosophe consiste à les formuler bien, à en reproduire l'essence même. Je suis toujours d'accord.

Je n'ai qu'une seule critique, qui justifie ce livre. Les vertus, écrit-il, sont toutes historiques. Le nouveau-né les ignore. Les civilisations les découvrent et les modifient. Les mots resteraient donc à travers le temps, mais les contenus évolueraient. C'est certainement vrai puisqu'il n'y a pas une seule vertu dans son livre que je renierais, ni un seul vice contraire que je ne critiquerais. D'ailleurs, j'essaie d'enseigner ces vertus à mes enfants. Et puis, les mots sont là, déjà là, clairs, sinon distincts. Ces mots, ces vertus produisent d'emblée une sorte d'œcuménisme moral. Qui va suggérer à ses enfants d'être impolis ? d'être intolérants ? d'être ingrats ? Ça marche donc, ça fonctionne. Voilà ce qu'on nomme des repères et que chacun semble appeler aujourd'hui de ses vœux pour « n'être pas indigne de ce que l'humanité a fait de soi, et de nous ».

Pourtant, ces vertus incontestables me semblent aujourd'hui devoir être subsumées sous un principe plus fort, plus universel, et aussi plus neuf – puisqu'il s'agit d'aujourd'hui. Le principe de responsabilité ne réduit pas toutes les vertus à une seule. Je ne l'ai d'ailleurs jamais nommé « vertu ». On dira que peut-être son contenu est moins clair, moins facilement accessible, trop universel, trop écartelé entre la morale et le droit. Mais ces réserves sont valables pour toute vertu qui n'est jamais bonne dans l'absolu : la fidélité peut être stupide, la pureté peut être exterminatrice, l'humilité bassesse, etc. D'ailleurs Comte-Sponville n'élude ni paradoxes ni contradictions dans chacune de ses analyses. Comme toutes ces vertus constituent aussi des sortes de maîtres mots – en ce sens qu'elles apparaissent dans leur énoncé même comme positives –, elles sont victimes des confusions qui caractérisent ces maîtres mots.

Comment donc situer le concept moral de la responsabilité par rapport à ces vertus ? Qu'apporte effectivement le principe de responsabilité dans le discours moral au-delà de ces vertus ? Pourquoi est-il omis par Comte-Sponville et mentionné par Duquesne ?

La responsabilité ne peut être analysée comme une vertu parmi d'autres. Elle ne relève pas d'une tradition classique. Elle n'a pas d'histoire philosophique. Il est toujours erroné d'évoquer Œdipe ou Job ou d'autres figures antiques pour en montrer l'ancienneté. Les traductions sont fausses. On mélange responsabilité et culpabilité, responsabilité et innocence coupable. Les liens ne se situent que dans de vagues principes métaphysiques. C'est vrai, la responsabilité est incompatible avec la fatalité ou le destin. C'est vrai, la liberté est une idée qui lui est plus proche. Ce ne sont là qu'approximations hasardeuses. Car le principe de responsabilité est nouveau, nouveau-né comme j'ai essayé de le montrer. J'ai beau déplorer souvent son ascendance juridique et les effets de perversions sur des pratiques et des perceptions, cette hérédité lourde est en même temps constitutive. Nous pensons avec des mots, mais nous agissons aussi avec eux.

Je suis d'accord avec Comte-Sponville, un livre de morale est toujours un livre de morale pratique. Le reste est vanité. Même si « un prince dans un livre apprend mal son devoir » et si « les exemples vivants sont d'un autre pouvoir », le livre doit être pratique. Le concept moral de la responsabilité est un concept pratique. Il s'inscrit dans toute opération. Il donne le principe de toute décision et de toute action. Les grandes vertus également, dira-t-on. Elles constituent un véritable raccourci dans bien des cas. Si je comprends ce qu'est la politesse, sa valeur et ses limites, je peux me conduire bien dans la vie courante, en traversant la rue, en prenant le métro, en rencontrant une connaissance. Je me pose peu de questions, car j'ai intégré cette vertu à mon comportement. Elle m'aide à agir sans trop de questionnements. Elle m'indique des devoirs. L'humilité ou la fidélité font de même dans bien des circonstances. Je me sens apaisé d'y retrouver des références qui ne datent ni de moi ni de mes contemporains. J'ai la sagesse du temps avec moi et quelquefois une bonne éducation derrière moi. Ces vertus sont effectivement des forces vives. Elles m'assistent en permanence. Elles ne sont ni gommées ni remplacées par le concept de responsabilité.

Leurs contenus n'en sont pas moins contradictoires ou ambivalents, comme nous le soulignons tous dès que nous les analysons ou que nous les professons. On peut être *fidèle* à une idée stupide ou à une personne qui se révèle une crapule. On peut être *poli* jusqu'à la dissimulation et l'hypocrisie. On peut être *tolérant* jusqu'à l'apathie. On peut être *humble* jusqu'à l'effacement. On peut être *pur* jusqu'à la purification ethnique ou jusqu'à l'impuissance. On peut être *doux* jusqu'à l'abandon ou la passivité. On peut être *prudent* jusqu'à l'inaction. On peut être *courageux* jusqu'à l'inconscience ou la forfanterie. Chaque fois, je peux me justifier par référence frauduleuse à une vertu que je comprends mal ou que je ne parviens pas à penser dans son authenticité. Bien des vertus ne valent pas par elles-mêmes, mais par leurs objets. Comte-Sponville le dit par exemple très bien de la fidélité : « La fidélité doit n'aller qu'à ce qui vaut et, proportionnellement, à la valeur de ce qui vaut. »

Le concept de responsabilité apparaît alors comme une forme nouvelle de discrimination entre les grandes vertus et leurs mauvais usages ou maladroites interprétations. Il est aujourd'hui un principe. Ces vertus traditionnelles concernent toujours des comportements pratiques. Les illustrations ou exemples passés ne suffisent pas à les adapter aux questions morales que nous nous posons aujourd'hui ou qui nous sont imposées par un monde de plus en plus étonnant. Le principe pratique de responsabilité permet de structurer ces questions par une épreuve originale.

Notre temps est le temps des responsables, c'est-à-dire un temps agité, tourmenté. La notion de responsabilité fait irruption dans la morale, car nous devons savoir comment décider et comment agir. Les vertus donnent des forces, mais encore faut-il souvent bien les orienter.

Intermède

Je ne crois pas aux recettes de cuisine, mais je suis convaincu que la cuisine exige quelques principes. J'entends par principes des épreuves qu'on ne peut éviter et que l'on finit même par vouloir. La responsabilité n'est pas une métaphore. Elle est là tout entière.

La qualité du produit est le premier moment dont je veux répondre. La cuisine n'est pas faite pour dissimuler mais pour exprimer et exhiber : des arômes, des senteurs, des vertus singulières, des parfums, dans toute leur palette. La préparation doit faire reconnaître. Certes des arrangements peuvent troubler le profane, mais la sauce qui cache est une sauce qui tue. La qualité d'une chose à cuisiner – légume, viande ou poisson – n'a rien à voir avec son prix ou son luxe. La qualité renvoie au *qualis* latin : *quel il est.* La qualité de la chose consiste à être ce qu'elle est, le plus et le mieux possible. La qualité d'un porc vaut celle d'une blonde d'Aquitaine, si l'un et l'autre sont ce qu'ils sont, c'est-à-dire ce qu'ils doivent être. La cuisine ne fait pas de miracles. Platon se trompait, ce n'est pas un art de tromperie ni de routine, mais d'exaltation et de don.

Moi, Alain Etchegoyen, qui ai préparé cette volaille de Bresse cuite à la vapeur de lentilles baignée de sauternes, je veux répondre de cet acte et de ses conséquences devant ceux qui sont concernés, ceux-là mêmes pour lesquels j'ai œuvré dans le plaisir de l'observation, ceux-là qui vont déguster la chair blanche jaunie par les couleurs emmêlées de Barsac et du Puy. Si je cuisine, je veux répondre : c'est un principe absolu, formel et universel. Je réponds de l'acte – la dégustation de l'autre – et de ses conséquences – son plaisir, sa digestion, ses flatulences…

Moi, Alain Etchegoyen, qui ai proposé ce foie gras d'oie puis ce roquefort persillé de Carles, sur un château-de-Fargues, je veux répondre de ce choix devant celles et ceux qui vont le vivre. Cette émulsion d'oranges pressées et de tendre huile d'olive des Baux qui baigne un saint-pierre vautré dans la coriandre, je veux en répondre.

La cuisine suppose quelque connaissance et beaucoup de reconnaissance. Vouloir répondre, c'est en partie connaître ce que je fais, ce sur quoi je travaille, et le formuler pour tous. Ceci est une blonde d'Aquitaine. Ceci est un foie de canard des Landes. Ce sont des plates du golfe. Ce sont des oignons de Roscoff. Je réponds de mes actes et de tous leurs ingrédients. De mes décisions qui sont des transformations.

C'est moi le chef – comme on dit en cuisine –, c'est moi le responsable. Pierre Guillaumat ne disait pas autre chose.

6. L'épreuve de la responsabilité

Si la vraie morale se moque de la morale, c'est peut-être que notre temps se moque aussi lui-même de la morale. Le « discours moralisateur », les « leçons de morale » ont mauvaise presse. Les excès américains nous semblent ridicules. Leurs censures apparaissent dérisoires. Pourtant personne ne nie qu'on puisse agir bien ou mal. Personne ne peut refuser le concept de devoir. Chacun sait que les droits conquis de haute lutte impliquent des devoirs qui permettent même à ces droits d'exister. Mais les références archaïques ne passent plus, les arguments d'autorité ont fait long feu. Le discours moral, s'il se reconnaît tel ou est reconnu comme tel, reste inopérant. Il n'est pas certain que la notion de principe puisse aujourd'hui être très convaincante. Elle a été bafouée par les gens « à principes ». Il faut donc l'expliquer pour éviter qu'on confonde une morale de la responsabilité avec une tradition dépassée, voire un principe avec le fait générique « d'avoir des principes ».

On ne refuse pas pour autant de se poser des questions, de réfléchir ou d'avoir des problèmes de conscience. Il faut maintenant parler de principe moral, mais pour le distinguer des règles ou règlements. Le principe moral a d'abord pour but de solliciter la conscience, de l'éveiller à de nouvelles interrogations. Dans toute action ou décision, il existe des principes de raisonnement qui sont à l'œuvre : principe d'efficacité, principe d'économie, principe de stratégie, etc. Affirmer que le principe de responsabilité est le principe moral émergent de notre temps, c'est avant tout le poser comme un élément de la décision parmi d'autres. Il joue cependant un rôle à part, car il donne une dimension morale à l'action ou à la décision. Il ne peut être le seul principe, car l'action ne peut être déterminée par un seul principe. Toute opération obéit à des contraintes qui ne sont pas seulement d'ordre moral. Ainsi quand un chef d'entreprise doit prendre une décision qui concerne l'avenir de son entreprise, il doit se soucier du marché, de sa stratégie, de la concurrence, de ses prix de revient, etc. La dimension morale ne se situe pas à côté de ces considérations, elle constitue une des dimensions de l'action, comme de la conscience qui doit être retenue en tant qu'élément de la décision.

L'épreuve de la responsabilité

Le caractère à la fois *formel* et *universel* du concept moral de la responsabilité pourrait le faire passer pour abstrait. Cette critique porte lorsqu'on a une vision restreinte du questionnement moral, lorsqu'on pense qu'une proposition concrète est toujours une solution concrète. Il n'en est pas ainsi pour la responsabilité.

Si, comme on l'a vu, la responsabilité morale consiste à vouloir répondre de ses actes ou décisions et de leurs conséquences devant l'autre, le principe moral donne une forme particulière à la délibération qui précède la décision. La vraie morale se moque de la morale parce qu'elle ne peut proposer une solution unique. La vraie morale n'est pas une pensée unique, mais diverse. Il serait naïf de croire que la dimension morale d'une action ou d'une décision est la première dimension, le commencement, le déterminant de toute action ou décision.

Nos décisions sont prises dans des réseaux de causalité qui dépendent de leurs champs d'application. La décision d'un élu local ne se prend pas comme celle d'un père de famille ou d'un responsable syndical. Il ne faut pas se forger des illusions inutiles : chacun est confronté aux problèmes d'efficacité, chacun subit des pressions diverses, chacun doit ménager des parties opposées, chacun doit tenir compte de facteurs qui concernent à la fois le court et le long terme. Sans proposer ici une théorie de la décision, je voudrais insister sur le fait qu'il est toujours possible de tester moralement sa décision ou son action sans pour autant exagérer le rôle de cette dimension dans l'opération effective. L'essentiel, me semble-t-il, consiste à ne pas isoler la dimension morale comme un jugement extrinsèque, mais d'en faire un élément qui compte dans la prise de décision ou dans l'opération effective. D'une certaine manière, l'épreuve de la responsabilité permet de tester l'ensemble des autres déterminations. Elle impose une réflexion très riche sur l'ensemble des processus qui conduisent à l'opération effective. Elle permet de leur donner une dimension nouvelle, voire plusieurs dimensions qui resteraient ignorées ou confuses sans la réflexion qu'elle impose.

L'épreuve de la responsabilité consiste en cette expérience originale. Soit une décision quelconque que je suis amené à prendre ou une action quelconque que je suis amené à entreprendre. Je fais l'effort de formuler clairement la résolution que j'ai provisoirement prise en fonction de critères propres à la spécificité de cette résolution. Cette formulation est toujours particulière : elle dépend de ce pouvoir singulier que j'ai sur un territoire donné. Animé par le principe de responsabilité, je reprends cette résolution, c'est-à-dire son contenu en la soumettant à cette épreuve et j'aboutis à ce résultat qui est un questionnement : *est-ce que je veux répondre de cette résolution et de ses conséquences devant l'autre, c'est-à-dire devant ceux qui sont concernés par cette résolution et ses conséquences ?*

Je remarque que cette épreuve est universelle en ce qu'elle peut toujours être formulée, mais qu'elle ne l'est pas au sens kantien en ce qu'elle ne vaut pas pour tous les hommes mais pour moi-même, *hic et nunc*, dans la situation où je suis par rapport à autrui. Dans cette épreuve, tous les mots sont importants et le sont assez pour faire s'approfondir la réflexion. Le « je » du « je veux répondre » n'est pas un « je » délégable ni substituable : il exprime l'engagement moral et physique du sujet qui considère la responsabilité morale comme une volonté et qui n'attend pas la contrainte imposée par des forces extérieures pour répondre. Ce « je » exprime un courage qui, *de facto*, est impliqué par le principe de responsabilité, même s'il ne s'en déduit pas par simple analyse. C'est dans l'épreuve même du principe de responsabilité qu'apparaît, *in concreto*, le courage nécessaire.

La volonté exprimée par le « veux » du « je veux » distingue le concept moral de la responsabilité du concept juridique. Il signifie que je n'attends ni le juge, ni la compagnie d'assurances, ni l'investigation du journaliste. En effet, ces acteurs extérieurs peuvent évaluer *a posteriori* mon opération effective, mais cette évaluation n'entre en rien dans la prise de décision. Certes, je peux quelquefois agir, surtout si je suis un homme public, en fonction des réactions éventuelles de tel ou tel acteur extérieur qui commentera mon attitude, mais cette détermination fait partie des déterminations qui affectent toute décision et ne lui donne en rien une dimension morale. L'autre, ici, ce n'est pas celui qui commente, analyse ou critique.

Le verbe « répondre » exprime évidemment l'essentiel de la responsabilité à travers son étymologie décisive. La volonté de répondre est une garantie d'anticipation. Elle amène le sujet agissant à penser le plus loin possible les conséquences de ses actes. Elle lui permet de ne pas agir dans l'abstraction. J'appelle ici « abstraction » un mouvement qui consiste à s'extraire de la réalité effective que constitue la présence de l'autre pour prendre des décisions ou engager des opérations déterminées par de nombreux facteurs ou principes bien concrets (économie, efficacité, stratégie, tactique, etc.), hors la présence de l'autre. En effet, c'est la présence de l'autre dans l'épreuve de la responsabilité qui accomplit la dimension concrète d'une décision ou d'une opération. Pour comprendre ce caractère propre à l'épreuve de la responsabilité, il suffit de penser que l'égocentrisme est une attitude abstraite, car il s'abstrait toujours du rapport avec l'autre. Cette idée de « répondre » réintroduit toujours, par anticipation, la concrétude d'autrui.

La réponse est toujours l'amorce d'un dialogue, c'est-à-dire d'un échange. Aussi l'épreuve de la responsabilité, même si elle ne fait qu'anticiper une réponse à venir, c'est-à-dire un dialogue à venir, engage à ce dialogue dans le présent. La meilleure manière de se préparer à cette épreuve, quand cela est possible, consiste à écouter l'autre en amont même des décisions à prendre. C'est pourquoi le principe de responsabilité n'est pas un principe qui consisterait seulement à un moment donné à se soucier d'autrui. Il amène à intégrer l'autre dans tous les moments d'un processus de décision ou de mise en œuvre d'une opération effective. Si ce n'était pas le cas, cette anticipation de la réponse nécessaire serait une œuvre de pure imagination avec des risques d'erreur importants. L'épreuve de la responsabilité se situe au moment où nous allons décider ou agir, au seuil de l'opération, mais cette épreuve formelle modifie profondément le processus de décision. Sauf cas exceptionnels dans lesquels une confidentialité ou un secret sont imposés par un contexte extérieur, l'épreuve de la responsabilité fait sortir le sujet agissant du solipsisme. Il ne suffit plus de penser « en son âme et conscience ».

Cette anticipation qu'organise la volonté de répondre ne signifie nullement un processus démagogique dans lequel il faudrait flatter autrui ou s'assurer par avance de son approbation en lui procurant quelque plaisir. La volonté de répondre implique souvent une véritable préparation à l'affrontement et à la contradiction. L'approbation d'autrui raccourcit le processus de réponse. Le principe de responsabilité est précisément une épreuve en ce qu'il affirme la résolution de tenir bon face à des objections. L'expression « prendre ses responsabilités » exprime bien cette résolution : le sujet agissant est prêt à « tenir le coup », à « tenir bon ». C'est dans ces circonstances parfois difficiles que s'affirme avec obstination la volonté du « je veux ». Le principe de responsabilité n'est nullement régi par l'agrément ; et il faut prendre ce mot dans ses deux acceptions principales. Il n'est régi ni par le plaisir donné à autrui ni par l'accord supposé d'autrui. Quand l'autre éprouve spontanément de l'agrément ou agrée spontanément une décision, le processus de responsabilité est engagé sans risques.

Reste une question primordiale, la plus difficile peut-être, telle qu'elle a été évoquée dans l'analyse du concept moral de la responsabilité : la question de l'altérité. Autrement dit : *qui est l'autre ?* Cette question peut ne jamais s'épuiser par des réponses partielles, mais elle fait précisément la différence entre le concept juridique et le concept moral de la responsabilité. En effet, dans le concept juridique, l'autre est vite repéré : c'est celui qui attaque, celui qui demande dédommagement, celui qui exige qu'on réponde et qu'on indemnise dans la responsabilité civile. Dans le cas de la procédure pénale, l'autre représente la société en général. Dans les deux cas (pénal et civil), le problème est vite résolu. Il en est tout autrement dans l'épreuve morale de la responsabilité.

En effet, l'autre n'y est pas un concept vague, mais un concept changeant. La figure de l'altérité est instable. Elle garde comme essence la volonté de se déporter, de sortir du solipsisme, d'envisager un autre point de vue ou une autre perspective sur l'opération effective que je veux mettre en œuvre. Mais si l'autre n'est pas unique, s'il n'est pas simplement repérable, s'il est divers, je peux me trouver confronté à des autres dont les perspectives, c'est-à-dire les demandes de réponses sont contradictoires entre elles. Et l'épreuve de la responsabilité qui, dans sa formulation littérale, semblait simple devient redoutable et complexe.

Pour prendre une décision ou mettre en œuvre une opération effective, je pourrais être amené à satisfaire l'un et à mécontenter l'autre. Rien de très original dans ce processus. « On ne peut pas faire plaisir à tout le monde », répète-t-on souvent. C'est une évidence car, dans les faits mêmes, il est rare qu'une décision ne concerne qu'une seule personne ou qu'un seul type d'acteurs. Leur diversité, leurs intérêts contradictoires, leurs antagonismes sont le lot de la vie quotidienne. Quelquefois on ne satisfait personne dans des compromis laborieusement négociés. Mais cette complexité n'affecte pas l'épreuve de la responsabilité. Il suffit en fait de caractériser plus nettement le concept d'épreuve. L'épreuve consiste à éprouver. L'épreuve est éprouvante. L'épreuve est une expérience et un test. L'épreuve de la responsabilité est d'autant plus éprouvante qu'on peut anticiper une opposition de l'autre. L'épreuve est alors un risque, essentiel au principe de responsabilité, que l'on prend face à cet autre dont on sait qu'il n'approuvera pas la décision ou la mise en œuvre de l'opération effective. Le principe de responsabilité n'est pas un principe consensuel. Il ne se fonde pas sur l'harmonie des perspectives.

C'est pourquoi, si l'épreuve de la responsabilité peut s'effectuer en faisant varier les figures de l'altérité, sa qualité d'épreuve apparaîtra plus particulièrement dans telle ou telle figure spécifique. Ce n'est pas un exercice masochiste de la souffrance, c'est le test en dimension réelle. Puisque chaque décision ou mise en œuvre d'une opération effective va concerner plusieurs autres, le meilleur moyen de tester la dimension morale de l'action consiste à anticiper la réponse à cet autre qui, concerné par l'action, devrait probablement être le plus exigeant dans la réponse demandée.

La variété des figures de l'altérité dans cette épreuve dépend évidemment des types de pouvoir dont on dispose et des types de territoires sur lesquels on en dispose. Ces remarques signifient que le principe de responsabilité n'évacue ni les conflits de devoirs ni les compromis auxquels poussent différentes figures de l'altérité. Parce qu'il amène à prendre toujours en compte cette variété des figures, le principe de responsabilité n'est jamais abstrait. Ses caractères *formel* et *universel* le rendent opératoire sans jamais le détacher du cours du monde. L'altérité est toujours une exigence concrète, quelle que soit sa diversité. En revanche, comme cette épreuve de la responsabilité demeure dans ce texte encore très abstraite, il me semble nécessaire de prendre quelques exemples qui se situent dans le cas de territoires et de pouvoirs très différents.

Une réserve s'impose cependant sur laquelle je reviendrai : le principe de responsabilité n'est pas un principe d'accusation. Il ne reprend ni ce ressentiment ni cette haine dont Nietzsche affirmait qu'ils constituaient l'essence même du discours moral. Il convient donc de se méfier des jugements hâtifs. Le principe de responsabilité doit se faire approprier ou ré-approprier par les acteurs eux-mêmes.

La décision de fermer une usine

Le chef d'entreprise dispose d'un pouvoir dont il dit lui-même qu'il « assume la responsabilité ». Ce pouvoir est structurellement très spécifique. Il constitue un exemple typique des figures variables de l'altérité, des conflits de devoirs et des compromis nécessaires. Toute entreprise comprend quatre partenaires principaux, quatre figures de l'altérité : les salariés, les clients, les actionnaires et les fournisseurs. Si je mets de côté le discours béat soutenant que leurs intérêts sont immédiatement harmonieux et si je fais abstraction de toutes les médiations entre l'entreprise et ces figures de l'altérité (analystes financiers, presse économique, organisations syndicales, etc.), je constate des évolutions dans les rapports de force entre ces figures.

Ce n'est pas un jugement de valeur mais un constat empirique. Depuis une dizaine d'années, les figures du client et de l'actionnaire ont pris le dessus sur les figures du fournisseur et du salarié. Le processus est logique. En effet, quand je valorise le client, je dévalorise le fournisseur dont je suis moi-même le client ; je considère qu'il doit se comporter à mon égard comme je me comporte à l'égard de mon client. Chacun son tour ! De même l'évolution du capitalisme, des marchés financiers, des fonds de pension, l'exigence accrue de rentabilisation du capital font que les actionnaires, auparavant négligés, supplantent souvent les salariés dans l'esprit du chef d'entreprise, d'autant que sa nomination et son pouvoir dépend du capital. Même si l'on présuppose que sur le long terme ces intérêts ne sont pas contradictoires – ce qui est très difficile à démontrer, sauf à penser que le cours du monde est moral ! –, chaque décision peut subir l'épreuve du principe de responsabilité.

Prenons donc deux cas réels qui se posent fréquemment et dont nous connaissons tous des versions en France, notamment dans la production industrielle.

Premier cas. Une entreprise présente sur les marchés mondiaux constate de grandes inégalités dans ses coûts de production. Le patron s'aperçoit d'une erreur d'investissement commise par lui ou un prédécesseur. Des considérations très diverses l'amènent à penser qu'il faut fermer cet établissement pourtant presque neuf. La production pourra être assurée ailleurs et les résultats globaux de son entreprise en seront améliorés. Cette décision est bonne pour les actionnaires qui verront le cours de l'action croître dès l'annonce de la décision comme pour les clients qui profiteront d'un prix de revient plus bas. La micro-économie, la macro-économie, la stratégie industrielle se conjuguent pour conforter cette décision. Les mouvements sociaux s'exténueront après une phase de lutte traditionnellement vouée à l'échec. L'image sociale du patron en sera affectée mais ses stock-options en seront revalorisées. Les plans sociaux sont passés dans les mœurs et un patron qui ne sait pas licencier n'est plus un vrai patron. La décision peut donc être prise et annoncée.

Cependant, le chef d'entreprise peut considérer que cette décision intelligente n'est peut-être pas morale. Peu importe, objectera-t-on, si le cours du monde ne l'est pas, le chef d'entreprise n'est pas responsable du cours du monde ni du comportement des marchés mondiaux. Tel est le fondement de la pensée unique qui déresponsabilise les chefs d'entreprise. Le chef d'entreprise peut alors considérer que son pouvoir implique aussi des responsabilités. Il veut alors faire subir l'épreuve de la responsabilité à sa propre décision. Ce n'est pas une véritable épreuve face aux actionnaires ou aux clients, figures consentantes de l'altérité dont l'agrément ne fait aucun doute. L'application du principe de responsabilité à travers cette épreuve se formule donc ainsi : *est-ce que je veux répondre de cette décision de fermeture et de ses conséquences face à ces autres qui sont concernés par cette fermeture et ses conséquences ?* Ces autres sont immédiatement les salariés, les fournisseurs et leurs propres salariés, tous affectés dans leur emploi ou l'économie de leur entreprise.

Que signifie concrètement cette question ? Elle signifie le caractère le plus concret de la réponse envisagée. Répondre, ce n'est pas seulement argumenter. Répondre, c'est se confronter. Répondre, c'est être en face pour subir les questions. Répondre, c'est toujours voir la réalité de l'autre en face, dans une communication peut-être difficile, mais dans une communication qui n'est jamais une télé-communication. Répondre, c'est ne pas déléguer la réponse au chef d'établissement, à la presse, au fax ou au web. Répondre, ce n'est pas envoyer une réponse. Répondre, c'est *envisager* l'autre, comme Levinas le disait du visage de l'autre. Mais c'est aussi se laisser *envisager* par l'autre, comme *face* à *face*. Répondre, c'est supprimer la distance prudente. Répondre, c'est accepter le risque de la décision. C'est un exercice difficile.

On pourra objecter alors que la décision pourrait ne pas être prise par simple lâcheté : dans la peur d'être confronté à des travailleurs en fureur, d'être séquestré ou insulté, le chef d'entreprise peut reculer et prendre une mauvaise décision pour l'entreprise, décision qui nuirait à tous les autres travailleurs des autres établissements dans la mesure où, grevant les performances de l'entreprise, elle pourrait amener à des plans sociaux beaucoup plus importants quelques mois après. On pourrait donc arguer que cet élément presque physique ne doit pas être pris en compte pour éviter une mauvaise influence dans le processus de décision. Cet argument est assez fort et convaincant. Mais il doit être contredit de deux manières.

D'abord, la variété des figures de l'altérité fait que si la décision n'est pas prise, c'est une autre figure devant laquelle on voudra répondre de sa décision et de ses conséquences, la figure de l'actionnaire par exemple. Et même si ses mœurs sont plus tranquilles physiquement, elles ne sont pas plus affables quant au mandat du chef d'entreprise. Ensuite, et surtout, l'épreuve de la responsabilité dans ce cas de fermeture d'une usine constitue une épreuve de l'univers concret. Une décision qui ne subit pas cette épreuve reste une décision abstraite et donc moralement mauvaise, même si elle semble intellectuellement pertinente. Le processus de décision est incomplet s'il n'intègre pas cette dimension. L'épreuve morale de la responsabilité ne saurait donc rester extérieure à la prise de décision elle-même, elle doit en constituer une des dimensions. En elle-même cette décision stratégique n'a pas de connotation morale, mais le refus ou l'absence de cette épreuve de la responsabilité est un mauvais signe quant à sa dimension morale. Cette épreuve ne peut constituer l'unique déterminant de la prise de décision. Ce serait même très fâcheux pour la pertinence de la décision économique et stratégique : c'est en cela que la lâcheté ou le manque de courage ne peuvent être considérés comme déterminants, sans rendre en même temps invalide la décision elle-même.

L'épreuve de la responsabilité doit donc être intégrée comme un élément dans la prise de décision. Elle n'en change pas nécessairement le cours, mais elle peut le faire car elle fait entrer en ligne de compte des éléments qui pourraient rester ignorés ou négligés et rendre abstraite la décision.

Dans des cas réels, des comportements très variables ont pu être constatés. Ce n'est pas ici le lieu de faire le procès de quiconque. Mais les équilibres respectifs du pouvoir et de la responsabilité varient selon les entreprises et les personnes qui les dirigent.

Deux remarques complémentaires pour asseoir la pertinence du principe de responsabilité.

Je voudrais insister sur le caractère très opérationnel et

concret de cette épreuve originale. J'ai constaté que, dans les dix dernières années, le fossé s'est creusé entre les directions centrales des groupes industriels ou des entreprises en général et les établissements de production. Ce me semble un des faits marquants de ces dernières années. J'ai vu plusieurs anciens étudiants pénétrer dans les sièges centraux où se situent les pouvoirs de décision et s'atteler à des travaux comme les « cibles d'effectifs » pour accroître la productivité de l'entreprise. Ce fossé me paraît aujourd'hui beaucoup plus important que le hiatus entre cadres et non-cadres. Ces jeunes dirigeants qui accomplissent leur mission économique, souvent avec talent, ignorent tout de la production réelle, c'est-à-dire des établissements dont ils ne font au mieux que des visites touristiques. Ils s'appuient sur des cabinets d'audit dont les honoraires se justifient par les économies de personnel qu'ils proposent. L'ensemble de ces conseils élaborés au sein d'un siège central le sont dans la pure abstraction. Il manque à ces jeunes dirigeants l'épreuve de la responsabilité pour donner un tour concret à leurs opérations.

Seconde remarque. A l'occasion d'une décision de fermeture comme celle que j'évoquais, apparaît une autre figure de l'altérité qui enrichit encore le concept moral de responsabilité, mais ne le simplifie guère. En évoquant quatre figures « naturelles » et l'évolution de leurs rapports de force récents, j'omettais de mentionner le rôle des pouvoirs publics ou des autorités locales. En effet, dès qu'une décision affecte un bassin d'emploi, les élus sont concernés par elle et constituent une autre figure qui doit être prise en compte. Cette autre figure est souvent intimement mêlée aux processus de décision. Les uns et les autres lui supposent un poids et lui confèrent un rôle qui sont loin d'être négligeables. Ils portent parfois même une responsabilité qu'ils doivent endosser alors même qu'ils sont étrangers à la prise de décision : on leur reproche alors de n'avoir pas assez pesé sur la décision et de n'avoir pas joué leur rôle. Leur présence effective ne fausse pas l'épreuve de la responsabilité, mais la rend quelquefois plus complexe et quelquefois plus simple. Dans l'exemple récent de la fermeture annoncée des chantiers navals du Havre, la décision a été prise par le gouvernement qui veut arrêter de subventionner à hauteur de cent millions par mois une entreprise privée, mais c'est un élu local, Antoine Rufenacht, qui a subi la vindicte des salariés. L'image de cet homme barbouillé d'œufs jetés sur lui, le blanc dégoulinant sur son visage, le jaune maculant le costume, n'avait rien d'humiliant, comme on l'a écrit. J'y ai vu un courage étonnant et un sens de la responsabilité remarquable.

La sauvegarde d'une usine en pertes

L'exemple précédent montre une décision qui produit un dommage et des victimes. Il semble bien qu'on demeure alors dans le cadre traditionnel de la responsabilité juridique qui ne s'intéresse qu'aux décisions négatives et aux actions dommageables. Je prends donc un autre exemple réel qui permettra d'expliquer ce tropisme vers le négatif qui affecte souvent l'épreuve de la responsabilité.

Dans une entreprise d'industrie lourde qui se bat sur un marché mondial et obtient, bon an mal an, entre un et quatre milliards de bénéfices, un établissement industriel d'une filiale perd depuis trois ans environ cinq cent millions par an. Le chef d'entreprise est donc face à une décision difficile. Il sait qu'en annonçant la fermeture de l'établissement il fera prévoir une augmentation mécanique des résultats et donc une croissance du cours en bourse qui satisfera les actionnaires. Il sait aussi qu'il pourrait soutenir l'argumentation de la pensée unique en évoquant les contraintes mondiales, la désertion des investisseurs, le recentrage sur ses métiers de base à plus forte valeur ajoutée, voire la menace que ferait peser sur tout le groupe le maintien d'une activité déficitaire. Tous les arguments sont prêts, déjà là, banalisés par une kyrielle de décisions similaires prises ailleurs. Il sait très bien que cette activité, de toute façon, ne restera pas à terme dans le groupe, car sur le marché mondial, tous les grands intervenants se recentrent sur un type de production qui garantit un professionnalisme réel et des économies d'échelle significatives. L'ensemble des analystes financiers, de la presse économique, des actionnaires, des clients et de tous les commentateurs lui décernera un satisfecit incontestable : « Voilà un grand patron qui sait tailler dans le vif même si ça fait mal. » Mais le chef d'entreprise sait aussi que la grandeur de sa qualité, c'est à la fois la conviction qu'il existe un libre arbitre capable de faire des choix contre la batterie d'arguments propres à la pensée unique et la conviction que le principe de responsabilité est supérieur à l'affirmation d'un pouvoir. Il étudie toutes les données du problème en fonction de sa stratégie et de la réalité sociale et économique de l'établissement concerné – sans oublier le bassin d'emploi dans lequel il est inséré. Il essaye d'améliorer la connaissance de son établissement par des organisations dont la finalité ne se réduit pas à la réduction d'effectifs. Au terme de cette investigation purement intellectuelle et stratégique qui prend en compte la vie concrète, il décide de faire subir à deux décisions possibles l'épreuve de la responsabilité.

Première décision possible : la fermeture de l'établissement. Cette décision ne lui fait pas peur. Il en a déjà pris d'analogues. Il s'était d'ailleurs rendu lui-même dans l'établissement pour répondre de cette décision devant ses salariés, alors même que tous ses conseillers le lui déconseillaient. Répondre de cette décision de fermeture devant ses actionnaires et ses clients ne poserait pas de problème, leur agrément allant de soi. Devant les élus locaux et les salariés, contrairement à ce cas précédent, il ne le veut pas. Ce n'est pas lâcheté, mais il sait que des efforts considérables sont en cours, que des gains de gestion sont possibles qui ramèneraient l'établissement à l'équilibre sous deux ans. L'argumentation serait humainement insoutenable.

Seconde décision possible : le maintien de l'établissement. Répondre de cette décision devant les salariés et les élus locaux ne présente pas de difficultés, car leurs inquiétudes réelles et fondées seront apaisées. En revanche, ce sont surtout les actionnaires devant lesquels il faudra répondre. Les analystes financiers leur répètent que la fermeture de l'usine entraînera un bond de l'action cotée en bourse et les actionnaires ont toujours la possibilité de mettre en cause son mandat de PDG.

Néanmoins, le chef d'entreprise prend cette seconde décision en lui ayant fait subir l'épreuve de la responsabilité : oui, je veux répondre de cette décision et de ses conséquences devant les actionnaires qui sont concernés par elle. Il en répond, le cours de bourse se tasse, mais l'épreuve de cette responsabilité a convaincu les esprits.

Épilogue : trois années plus tard, les comptes de l'établissement sont revenus à l'équilibre et le président décide de le vendre à un autre opérateur pour recentrer le groupe sur des métiers moins nombreux et à plus forte valeur ajoutée. Là encore, il lui faut recourir au principe de responsabilité. L'épreuve change car la figure de l'altérité change. Ce sont maintenant les salariés qui sont les plus concernés, car ils regrettent de quitter un groupe dont le président a su avoir un tel comportement. Néanmoins il doit faire face et il fait face.

Dans ces deux exemples réels empruntés à la vie courante des groupes industriels, on remarquera que le caractère négatif de la décision semble le plus important, comme il est de tradition dans le concept juridique de la responsabilité. En quoi ces deux concepts, le juridique et le moral, continuent-ils donc de se distinguer, voire de s'opposer ?

Pour répondre à cette question, il me faut revenir sur une explication antérieure. La responsabilité morale et l'épreuve du principe de responsabilité qui concerne des décisions ou des opérations concrètes ne sont pas obnubilés par le négatif, bien au contraire. Il s'agit toujours d'une volonté mise en œuvre et non d'une crainte ou d'une fuite. Il est fréquent que le principe de responsabilité soit confronté à plusieurs figures de l'altérité. Son application est simplement plus difficile ou plus éprouvante quand les questions de l'autre se font plus insistantes ou plus agressives, mais le principe se déploie sur tous les axes, positifs et négatifs, de la décision à prendre ou de l'opération à mettre en œuvre. Quand les difficultés se présentent, le risque de reculer est plus grand et l'épreuve de la responsabilité propose alors des cas limites sur lesquels le responsable risque de vaciller. On a donc tendance, légitimement, à prendre en exemple ces cas limites qui montrent la force et la pertinence du principe de responsabilité. Cela ne signifie pas que le concept moral de la responsabilité soit obnubilé par le négatif, au contraire. Mais il en est de la responsabilité comme de tout problème moral : quand notre intérêt n'est pas mis en cause, nous éprouvons moins la dimension morale de notre action que quand il est mis en cause. C'est pourquoi la réduction du devoir à un calcul d'intérêt à long terme supprime toute dimension morale à l'action elle-même. D'ailleurs, si tout le monde agissait moralement dans une société quelconque, la morale perdrait même son sens puisqu'elle n'envelopperait plus aucun risque et que les actions de chacun seraient parfaitement prévisibles. La vraie morale se moque de la morale, cela signifie aussi que la vraie morale ne se soucie pas du comportement moral d'autrui, mais prescrit en dehors de cette prévisibilité. Quand

Sartre affirmait : « je serai moral quand tout le monde sera moral », il supprimait le sens même de toute morale.

Le cumul des mandats

Le monde politique donne souvent l'exemple ou le contre-exemple de l'exercice de la responsabilité. Le langage commun dit même que le politique « accède aux responsabilités ». On a tort de discréditer le rôle du politique. C'est un beau mouvement qui fait d'un homme ou d'une femme le responsable devant ses concitoyens. Certes, on peut toujours évoquer l'ambition personnelle ou le goût du pouvoir, mais le pouvoir n'est en lui-même nullement condamnable dès lors qu'il s'assortit du principe de responsabilité.

Il faut rappeler que ce n'est pas une évidence dans notre République. A cette fin, il faut recourir aux analyses développées par Bernard Manin dans ses *Principes du gouvernement représentatif*. Notre République s'est entièrement construite sur le principe des élites politiques. Les lectures conjuguées de Rousseau, Montesquieu et Harrington montrent bien toute la différence qui existe entre la démocratie athénienne et la nôtre. Même si la notion de responsabilité n'est pas présente dans la langue grecque, la pratique politique l'exprimait sous une forme qu'on nommait « la reddition de comptes ». En effet, la démocratie n'utilisait pas les mêmes procédés que les nôtres. En recourant au tirage au sort, la démocratie jugeait essentielle l'égale probabilité pour tous d'accéder au pouvoir. De ce fait, le magistrat tiré au sort pouvait être démis à tout moment de ses fonctions, il disposait d'un mandat non renouvelable, mais surtout il devait rendre des comptes au terme de son mandat. Dans notre système représentatif, l'égale probabilité pour tous d'accéder au pouvoir a disparu. Le régime du suffrage universel ou de l'élection a transformé notre concept de l'égalité et de la responsabilité. L'égalité réside dans le « un homme, une voix » et le pouvoir politique provient du consentement qu'accorde le peuple par son suffrage. Comme l'indique l'étymologie commune aux mots de *élite* et de *élection*, notre république est en fait à moitié aristocratique. Elle a d'ailleurs complètement perdu de vue la notion d'une reddition de comptes et les élus parlementaires sont protégés par une immunité qui n'est levée que dans de très rares cas. Le suffrage universel produit une élite car, pour être élu, il faut être différent, c'est-à-dire « saillant » et en fait n'être pas comme les autres citoyens. L'élite politique dispose du pouvoir sans que ce pouvoir soit soumis aux contraintes de la responsabilité. Tout au plus cette responsabilité peut-elle s'éprouver de fait dès lors qu'un élu est candidat à sa propre réélection, ce qui l'oblige à anticiper le jugement rétroactif qu'auront ses concitoyens sur son mandat précédent. Mais même si notre système représentatif a exclu le mandat impératif, l'exigence de responsabilité va croissant à mesure que s'affirme le principe moral de la responsabilité. En fait notre système démocratique vit une contradiction qu'il peine à assumer. D'un côté, il a mis en place des processus de représentation qui sont élitistes sans le dire ; d'un autre côté, il ne peut tolérer que dans notre société ceux qui ont du pouvoir ne se considèrent pas comme responsables. Autant, comme nous l'avons vu, le prédicat du pouvoir se déduit analytiquement du concept moral de la responsabilité ; autant le prédicat de la responsabilité ne peut que s'adjoindre synthétiquement au concept du pouvoir. Aussi l'exigence morale de la responsabilité s'ajoute-t-elle à celle du pouvoir politique dont la logique s'est construite en en faisant abstraction.

C'est certainement cette situation qui explique, d'une part, que le cumul des mandats se soit développé naturellement dans un pays comme la France, et, d'autre part, qu'une exigence morale nouvelle conteste ce cumul. En effet, l'addition des pouvoirs est toujours une soustraction des responsabilités. La responsabilité est affaire de temps. Je n'ai pas assez insisté sur ce point, mais toute existence humaine doit poser le problème de la responsabilité ou des responsabilités en fonction des allocations de temps. Dans une logique de concurrence et de compétition, il est normal que les hommes politiques s'affrontent face au corps électoral en jouant de tous les atouts qui font une notoriété. Comme, précisément, il faut être « saillant », un mandat est toujours un marchepied pour un autre. Mais les responsabilités ne peuvent pas suivre. Le cumul des mandats entraîne une cascade de délégations qui empêche le responsable d'être vraiment responsable. Qu'il s'agisse des cumuls de Georgina Dufoix en pleine affaire du sang contaminé, ou qu'il s'agisse des présidences cumulées par Alain Juppé, Premier ministre, le problème reste identique à lui-même : avoir tant de pouvoirs n'est pas compatible avec tant de responsabilités.

Ceci est d'autant plus vrai que les responsabilités politiques ne sont jamais les seules dans une existence personnelle. Cette situation objective explique que les femmes s'engagent difficilement dans la vie politique. Malheureusement plus conscientes que les hommes des exigences de la responsabilité familiale – et donc moins assoiffées de pouvoirs divers –, elles ne peuvent s'engager dans des tâches politiques, si le cumul des mandats est une condition de réussite.

Le cumul des mandats ne doit donc pas être combattu pour des raisons qui tiennent au simple alignement sur les démocraties normales, ni pour des raisons strictement politiques, il doit l'être en ce qu'il est contradictoire avec le principe de responsabilité. Par définition, l'homme qui cumule plusieurs mandats sait qu'il ne pourra répondre de ses actions ou décisions et de leurs conséquences devant ceux qui sont concernés par elles, car il sait que ce ne sont pas les siennes et que l'usage de son temps est incompatible avec cette volonté de répondre. C'est pourquoi la question du cumul des mandats doit être abordée beaucoup plus sous l'angle de la morale politique que sous l'angle du fonctionnement des institutions.

La corruption ou le trafic d'influence

Dans les affaires qui ont empoisonné notre vie politique, le principe de responsabilité n'a pas été assez utilisé par les politiques pour évaluer leurs propres actions et pour effectuer des choix qui soient conformes à ce que les citoyens attendaient d'eux. Pourtant l'épreuve de la responsabilité aurait été discriminante.

En s'en tenant à un strict point de vue juridique, celui du code pénal, les politiques ont considéré qu'ils étaient co-auteurs de la faute dans un processus de corruption et, en s'appuyant sur la notion de corruption passive, ils ont eu tendance, comme l'expliquait François Mitterrand, à se juger encerclés par les corrupteurs. Si l'on ajoute à cela l'absence d'enrichissement personnel dans le meilleur des cas, les politiques impliqués dans les affaires s'en sont excusés en arguant du problème de financement des partis politiques et de la vie démocratique : ce qu'ils ont fait, ils l'ont fait pour leur organisation et non pour eux-mêmes. Je laisse de côté la pertinence de cette distinction qui pourrait être largement mise en cause.

Mais dès qu'on applique le principe de responsabilité et l'épreuve qui en découle, le raisonnement change nécessairement. En effet, comme j'ai essayé de le montrer, la responsabilité est toujours à la hauteur du pouvoir dont on dispose. Ainsi, l'analyse logique de tout processus de corruption induit-elle une analyse morale qui montre que le corrompu, c'est-à-dire le politique, jouit d'une responsabilité beaucoup plus grande. Cette responsabilité n'est pas uniquement de nature négative. En effet, la responsabilité positive consiste à maintenir la figure de l'incorruptible, indispensable dans toute conception républicaine et démocratique.

Examinons le déséquilibre des pouvoirs, en faisant abstraction de la dimension strictement pénale telle que nous la propose la réforme de 1994. Si une entreprise se propose d'être fournisseur dans un marché public, elle dispose de moyens. Ces moyens peuvent être importants, mais ils ne constituent jamais un pouvoir de décision. L'élu local dispose, lui, d'un double pouvoir : le pouvoir de décider du fournisseur, d'une part, le pouvoir de décider de monnayer sa décision, d'autre part. En temps réel, comme dans un scenario de série B, ce peut être le corrupteur qui commence et fait une proposition, mais cela importe peu au regard de l'analyse logique et morale du processus. En effet, c'est le pouvoir le plus grand qui crée la plus grande responsabilité. Et si l'élu local soumet sa décision de corruption à l'épreuve du principe de responsabilité, il sait qu'il ne peut répondre de cette décision et de ses conséquences devant ceux qui sont concernés, c'est-à-dire ses propres électeurs. Il sait donc que sa décision de monnayer sa décision est immorale. Il ne veut pas en répondre et c'est pourquoi seule la justice pourra le contraindre à en répondre. Celui qui décide de vendre sa décision au lieu d'acheter seulement un service porte la responsabilité primordiale dans le processus de corruption. Mais, d'une autre manière, si l'élu local qui dispose de ce double pouvoir de décision se refuse à toute corruption, ce refus subit positivement l'épreuve de la responsabilité, car c'est cette épreuve morale qui fonde la figure de l'incorruptible.

Cette analyse est différente de l'analyse strictement juridique. D'ailleurs, quand le procureur adjoint Charpentier reprit cette analyse lors du procès Carignon, les avocats de ce dernier demandèrent au juge de ne pas faire de morale mais de s'en tenir au strict point de vue du droit pénal, c'est-à-dire à l'équivalence du corrupteur et du corrompu au regard de la loi et à la dissymétrie lexicale que crée le code pénal en parlant d'un côté de corruption active (le corrupteur) et de l'autre de corruption passive (le corrompu).

Cette différence entre la responsabilité juridique et la responsabilité morale tient ici en partie aux contraintes internes du code pénal qui n'est pas parvenu, malgré ses réformateurs, à délaisser l'idée de co-auteurs de la faute dans les cas de corruption et de trafic d'influence. Mais elle tient aussi au fait que le concept juridique de la responsabilité reste ici négatif, comme dans toute la tradition juridique. Si on considère la responsabilité morale des élus, leur engagement, leur volonté de répondre de leurs actes et de leurs conséquences devant les citoyens qui les ont choisis, on prend la dimension toute positive de cette responsabilité. Elle met chaque fois en jeu l'essence même de la République, puisque c'est bien de cela qu'ils ont à répondre devant les citoyens. C'est pourquoi du point de vue de la responsabilité morale, que l'argent détourné le soit au profit d'un individu ou d'une organisation politique, il est impossible de répondre d'un tel acte devant les citoyens. On ne le fait que d'un point de vue juridique, dans le prétoire, pour minimiser sa peine.

Les lois sur l'immigration

En août 1996, l'église Saint-Bernard dans le XVIIIe arrondissement de Paris était occupée par des sans-papiers. Elle fut évacuée de force par le gouvernement Juppé. Mais pendant la période d'attentisme dans laquelle on ne savait comment allait se dénouer l'affaire, un député UDF, Gilles de Robien, suggéra une idée nouvelle qui concernait directement la responsabilité morale des parlementaires. Ceux-ci, assurait-il, ne peuvent se contenter de voter les lois. Les lois sont des décisions qui s'imposent à tous les Français. Il décida de rencontrer les sans-papiers et se mit dans un rôle qui n'avait rien de constitutionnel. Gilles de Robien évoqua le principe de responsabilité qui, effectivement, comme nous l'avons rappelé, n'existe pas dans le fonctionnement de nos institutions, sauf d'un point de vue juridique pour des faits délictueux ou criminels. Dans le cas des sans-papiers, il ne s'agissait évidemment pas de cela. Le principe de responsabilité fut défini comme la nécessité pour les parlementaires d'aller voir sur le terrain les conséquences des dispositions légales qu'ils avaient votées. Ce fut là l'expression d'une belle idée. Sans doute aujourd'hui le croisement de la politique et de la morale se joue-t-il dans le principe de responsabilité, c'est-à-dire concrètement dans l'épreuve de responsabilité appliquée aux décisions qu'il s'agit de prendre. On concevrait mal en effet que les hommes politiques, chargés de responsabilités comme ils le sont, puissent s'exonérer d'une épreuve qui soit susceptible de donner une dimension morale à leur action.

Je ne crois pas en effet qu'on puisse, dans notre système politique, se contenter de visions encore simplistes telles qu'elles circulent fréquemment. La morale en politique ne consiste pas simplement à respecter ses promesses électorales comme des engagements intangibles. Notre système démocratique conduit les partis ou les candidats à s'engager sur un programme composé d'un certain nombre de propositions. Au mieux une majorité est élue avec un peu plus de la moitié des suffrages, ce qui n'est même pas vrai dans le scrutin uninominal à deux tours. Elle ne peut donc agir comme si tous les Français avaient voté en sa faveur. De plus, ceux qui ont voté pour elle ne l'ont pas fait sur cent pour cent de ses propositions. Aucune majorité ne peut donc faire comme si tous les Français avaient voté pour toutes ses propositions.

La morale ne peut donc consister naïvement en l'application intégrale d'un programme. Il serait au contraire presque immoral que ce fût le cas. En revanche, par rapport à des mesures qui seraient en recul au regard d'un programme, voire contradictoires avec ce programme, le principe de responsabilité peut parfaitement s'appliquer dans chaque décision. On dit généralement en politique qu'il faut « s'en expliquer ». En fait, il s'agit d'en répondre. D'une manière générale, l'épreuve de la responsabilité guérit la démocratie de sa maladie chronique du mensonge, comme j'ai essayé de l'expliquer.

Le tchador

La laïcité est une question de principe dans l'école républicaine. Quand une jeune fille porte le tchador, de bon ou de mauvais gré, elle porte évidemment atteinte à la laïcité. Le chef d'établissement, confronté à cette situation, doit prendre une décision. Il peut lui faire subir l'épreuve de la responsabilité.

Mais de qui répondre et devant qui ? Il répond de l'idéal républicain qui fait l'identité de l'école publique. Il répond devant l'État, devant la famille et devant la jeune fille elle-même. Dans l'épreuve de la responsabilité, ce sont les conséquences qui comptent autant que l'acte lui-même. Dans un établissement scolaire, l'élève doit être au cœur du système. C'est donc la jeune fille qui est la première figure de l'altérité. La responsabilité ne peut se contenter d'appliquer un principe de façon aveugle et obstinée. Elle contraint à envisager l'autre, à prévoir les conséquences sur l'autre.

Le tchador est un acte d'isolement, de séparation, de mise à l'écart. Cet acte peut être désapprouvé en tant que tel : faut-il produire un acte redondant, un acte qui redouble ce qui est désapprouvé ? L'exclusion de la jeune fille accroît son exclusion. Elle la condamne probablement à l'école coranique et aux pires influences sectaires. C'est beaucoup désespérer de l'école publique que d'affirmer son inefficacité dans ses relations, dans ses enseignements. L'intégration lutte contre l'intégrisme que l'exclusion fait triompher.

Si le chef d'établissement veut répondre de sa décision et de ses conséquences devant l'autre – qui est ici d'abord la jeune fille, comme élève de l'école publique –, il ne peut l'exclure, car il ne peut répondre du fait d'avoir accru ainsi son exclusion. Cette décision est compliquée, car elle contredit un principe affiché et proclamé partout. Mais la responsabilité n'admet qu'un seul principe : l'épreuve qu'elle impose à toute conscience. Cette épreuve ne peut s'effectuer dans la solitude d'une conscience, car celle-ci est confrontée à des principes qui la dépassent et qu'elle n'a pas conçus elle-même. La réflexion est donc collective. Les différentes figures de l'altérité y obligent, mais l'irréductible est là, dans l'école, couverte, cachée, niée même par son tchador. Veux-je en rajouter ? Ne plus la voir du tout ? Seule l'épreuve de la responsabilité, seul le choix de l'autre, seule la pensée des conséquences permettent d'esquisser une réponse. C'est toute la différence qui existe entre l'application de principes et l'épreuve par le principe de responsabilité. Il demeure un principe qui se moque des principes. Car il n'échappe jamais à son humanité profonde, quand tant de principes oublient qu'ils ont des conséquences. Rien de pire que les gens « à principes », rien de plus inhumain, rien de plus vide. Un seul principe – le principe de responsabilité – vous manque et tout est dépeuplé, vidé des autres, vidé de l'autre. Et la fille au tchador ré-intègre ses intégristes.

Ces quelques exemples ont été choisis parmi des événements qui ont fait l'actualité. Je pourrais les multiplier. Mais l'actualité est plus soucieuse du juridique que du moral. C'est une bonne chose dans la mesure où l'on évite de multiplier les jugements et les accusations sur autrui, hors la transgression publique de notre législation. Mais il ne faut pas nécessairement être un grand « décideur » pour faire subir l'épreuve de la responsabilité à ses choix ou actes proches.

Les parents divorcés

Les moments de crise dans les couples sont souvent significatifs. La responsabilité à l'égard des enfants se trouve profondément perturbée. Les souffrances des uns, l'envie de désertion des autres, la haine, le rejet, tout conspire pour faire voler en éclat une responsabilité qui semblait une évidence. Dans ces moments difficiles pendant lesquels nous devons improviser des conduites auxquelles nous ne sommes nullement préparés, l'épreuve de la responsabilité est décisive.

Dans les tensions de la séparation, les conseilleurs se multiplient et les amis soutiennent. On entretient parfois les aversions et les déchirures. L'un accuse l'autre et réciproquement. Ça ressasse, ça répète, ça fourbit des armes. On se lance des fautes, des infidélités, des tromperies, des absences, des excès, des turpitudes, des négligences. Les enfants comptent les coups dans une douleur qui reste souvent silencieuse.

Reste l'épreuve de la responsabilité qui seule peut indiquer la voie : de ce que je fais, de ce que je dis, veux-je en répondre face à ceux qui sont les plus concernés, c'est-à-dire les enfants ? Cette question est la plupart du temps détournée : l'un s'en va, il est donc renvoyé à sa responsabilité, et l'autre se défausse dans une innocence qu'il se reconnaît au regard du juge, qui va certainement lui donner raison et donner les torts non partagés au félon. Le droit va juger pour faute, par exemple. Pourtant la responsabilité d'un mari par rapport à son épouse – ou l'inverse – n'est pas du même ordre. La justice et le droit confondent les concepts de la responsabilité dans ces moments cruciaux, car ils sont soucieux de dédommager celui qui a subi la faute : il aura une pension, une prestation compensatoire et les enfants.

Or l'essentiel demeure la responsabilité morale par rapport aux enfants, puisqu'elle définit la condition même des parents. Les juges ne connaissent que très peu les scènes d'agression verbale, l'implication volontaire des enfants dans ces déchirements, les mensonges qu'on leur impose, la hargne qu'on essaie de susciter. Pourtant l'épreuve de nos actes et de nos attitudes que propose le principe de responsabilité est très claire : si je veux répondre de mes actes, je laisse mes enfants à l'écart des affrontements, je leur montre que je respecte leur autre parent, je leur dis que nous resterons deux pour eux, je leur affirme que notre trouble reste le nôtre et qu'ils resteront au cœur de toutes nos décisions. Ce sont des évidences dès que l'enfant est bien identifié comme la première figure de l'altérité. Ce n'est que du bon sens si on ne confond pas la responsabilité développée dans la procédure judiciaire et la responsabilité naturelle que nous prenons lorsque l'enfant paraît.

C'est facile à dire, objectera-t-on. Quelle n'est pas l'impuissance d'un principe de responsabilité devant tant de haine et de souffrance tellement irrationnelles ? N'est-il pas plus simple d'évoquer l'amour de l'enfant, tout simplement ? Mais, dans ces séquences difficiles de l'existence, l'amour devient souvent captatif : il veut garder, il veut déposséder, il veut faire payer. Tant mieux si l'amour suffit, mais les passions se nourrissent les unes les autres pour le pire, plus que pour le meilleur. Le principe de responsabilité me semble l'ultime solution ou le dernier recours. Son évocation peut être vaine ou inutile. C'est le sort de tout principe moral que de n'être pas suivi ni respecté par tous tout le temps. Mais il faut le formuler à la face de chacun pour qu'il saisisse maintenant ou demain son erreur et se reprenne s'il en a les forces. Quand on ne voit plus la souffrance des enfants, il reste à penser les questions qu'ils ne nous posent peut-être pas encore, mais qu'ils nous poseront plus tard : à ces questions, nous ne pourrons ou nous ne saurons *répondre*, si nous n'avons pas été responsables.

Les « violences urbaines »

Dès que des bandes se déchaînent dans un quartier de Strasbourg ou de Vaulx-en-Velin, dès que des voitures sont incendiées gratuitement ou des policiers agressés sciemment, on entend de tous côtés la même affirmation : il faudrait éduquer ces jeunes à la responsabilité. Qui pourrait contredire cet impératif ? Mais il est plutôt improbable qu'en incendiant une voiture un jeune voyou suspende son geste en formulant le principe de responsabilité pour faire subir cette épreuve à la décision qu'il prend ou à l'acte qu'il commet. Le vandalisme, en lui-même, implique un gigantesque déficit de responsabilité. L'impératif évoqué qui passe pour un poncif n'est pourtant pas faux. Ce n'est pas dans l'instant du geste incendiaire qu'on peut commencer à évoquer la morale. C'est bien en amont. Aujourd'hui, il est trop tard.

On argumente pourtant sur la responsabilité également en aval. Il faut, soutient-on, que ces vandales payent. Ils sont responsables de déprédations, ils doivent donc réparer. C'est bien l'acception juridique de la responsabilité. Ils doivent répondre de leurs actes inadmissibles et la punition leur fera prendre conscience de leurs fautes. Sinon, ils ne s'en rendent même plus compte. Ce raisonnement se tient, mais il demeure dans l'abstraction. Peut-on nier qu'il faille faire prendre conscience de leurs fautes à ces jeunes, mineurs ou majeurs ?

Il ne s'agit même pas de les excuser platement au nom de déterminations sociales qui expliqueraient tous leurs gestes. On s'est lassé de ces défenses souvent assurées par des gens qui ne sont pas confrontés quotidiennement au vandalisme et à l'insécurité. Nous devons appliquer le principe de responsabilité à l'égard de ceux dont on veut l'exiger. C'est tout le contraire avec la condamnation pénale qui conduit en prison et donne les pires fréquentations. C'est tout le contraire avec la quasi-certitude de récidive propre à la population carcérale. Qu'on se souvienne du très beau film, *Les Anges aux figures sales*, avec Pat O'Brien et James Cagney. Ces deux petits voyous sont surpris en plein vol. La police les course. L'un, trop lent, est pris. L'autre, rapide, s'échappe. L'un deviendra un gangster endurci. L'autre sera un pasteur réputé. Quand l'un sera exécuté sur la chaise électrique, l'autre expliquera la différence qui existait entre eux : « malheureusement pour lui, il courait moins vite que moi ».

Pour empêcher ce vandalisme irresponsable, il faut prendre des mesures responsables, c'est-à-dire envisager jusqu'au bout les conséquences de nos actes, sans se faire plaisir au premier acte de la série causale qui est un acte répressif. Et c'est vrai, nous éprouvons du plaisir dans la vengeance, dans la punition, car nous trouvons juste que le déprédateur paye ses actes. Mais allons jusqu'au bout des conséquences. Si, par cette décision, nous sommes presque certains de le rendre plus mauvais et plus agressif, ce qui est l'effet récidiviste le plus commun de la prison, nous répondons mal de nos actes et de leurs conséquences devant cet autre qui est la société et pas seulement telle ou telle victime particulière. Certes, la victime est un autre qu'il faut prendre en compte, car sa situation est insupportable. Il faut la dédommager financièrement et il faut lui montrer que son dommage n'est pas acceptable. Cependant, la décision que prend le politique est responsable devant trois figures de l'altérité : la victime, la société et le vandale lui-même. On est responsable même devant celui qui ne l'est pas. C'est un paradoxe, ce n'est pas une contradiction du principe de responsabilité.

Ce paradoxe est cependant important. L'autre ne peut se définir par le fait qu'il serait déjà responsable. L'enfant ne l'est pas encore, mais il ne m'exonère pas de ma responsabilité. C'est là un fait essentiel : pour agir moralement, nous ne pouvons attendre que tout le monde agisse moralement. Si c'était le cas, il n'y aurait aucun mérite dans la morale, puisque les actes des autres seraient prévisibles et tout risque disparaîtrait du principe de responsabilité alors qu'il en est un ingrédient essentiel.

Alors que faire ? Certainement pas jouer les démagogues flatteurs en célébrant la violence du vandalisme qui serait un embryon de révolte contre la société. Cet embryon finit toujours par avorter spontanément. Il faut évidemment punir, mais d'une peine qui participe pleinement à un projet d'éducation à la responsabilité. Les peines de substitution font prendre des risques positifs et responsables. Il faut réparer, mais non vainement. Il faut réparer, mais pour se réparer soi-même aussi. Ce n'est pas une conscience bonne qui naît en prison. Quand la justice devient une vengeance, elle n'est pas responsable. Elle fait payer, un point c'est tout. Et tout le monde paye. On n'éduque pas à la responsabilité en isolant de l'autre, c'est-à-dire en écartant de toute responsabilité. En désocialisant. On ne rend pas responsable en humiliant.

Conclusion

A quoi sert la philosophie morale ?

« La responsabilité est l'affaire de tous. » Expression banale. On le dit aussi de l'environnement, de la sécurité, de la liberté, etc. Ce n'est pas l'affaire de tous, c'est « l'affaire de chacun ». Le tour n'est pas plus original.

Dans *Il changeait la vie*, Goldman le chante mieux, avec son cordonnier sans rien de particulier, son simple professeur et son tout petit bonhomme : ils peuvent changer la vie, c'est-à-dire celle des autres. Chacun répond de ses souliers, de son enseignement, de son saxo : on peut le dire, ils changent la vie. Ils passent leurs vies « au milieu de nos heures ». Ils mettent « tant de temps, de talent et de cœur », « tant de temps, de larmes et de douleurs » qu'ils changent la vie. « A sa tâche chaque jour », même « un peu loupé en somme », même « malhabile et rêveur », chaque homme peut changer la vie des autres. C'est une belle manière de dire la responsabilité que de la chanter ainsi avec une musique qui donne plus de force qu'à n'importe quel texte théorique. Goldman le répète trois fois : tout cela se passe « loin des beaux discours et des grandes théories ». Serait-ce une critique du philosophe ? Pourrait-on vivre sans la philosophie ? être responsable sans la philosophie ? changer la vie sans la philosophie ?

C'est le paradoxe essentiel des rapports entre la philosophie et la morale. Paradoxe dont la philosophie ne peut pas sortir. Évidemment, on peut agir moralement sans jamais avoir fait de philosophie. Chacun peut avoir une responsabilité à l'écart des « beaux discours et des grandes théories ». Les exemples que chante Goldman valent le jeu des jésuites capables de valoriser des élèves quels que soient leurs niveaux. A quoi cela sert-il donc d'écrire de la philosophie ou des essais comme celui-ci ?

On pourrait poser la même question à propos du chanteur. A quoi cela sert-il qu'il chante des cordonnier, professeur ou petit bonhomme ? La réponse est plus évidente : paroles et musique, rythme, plaisir partagé dans l'écoute de la chanson, plaisir populaire. Sans doute est-il même plus efficace dans la diffusion des exemples.

Ce paradoxe de la philosophie morale doit être là, de façon insistante. Il faut l'assumer pleinement comme tel. Ce paradoxe est une arme contre l'illusion. L'illusion consisterait à penser que le philosophe peut proposer une morale originale aux autres hommes et les convaincre un à un de le suivre. Quelques politiques à formation philosophique l'ont fait en usant de la force (Lénine, Mao). Ou le procédé n'est pas recommandable ou il est vain. Je dois donc vivre ce paradoxe sans le dissimuler. C'est le sort de la réflexion philosophique. Je ne peux croire en l'efficacité de mon discours que s'il est déjà effectif sans moi : c'est-à-dire si la morale peut vivre sans moi. Serais-je donc totalement inutile ? Et que signifie alors l'émergence d'un nouveau principe moral, s'il émerge sans moi ? Après tout, le cordonnier, le professeur et le saxophoniste sont totalement indifférents à l'idée de responsabilité ? Pratiquement ils la connaissent, ils la mettent en œuvre sans en penser le concept. N'est-ce pas le plus important ?

La philosophie morale est toute coincée entre deux paradoxes aussi difficiles à vivre et à penser l'un que l'autre. Le premier est énoncé par la chanson de Goldman. Le second est ordinairement formulé comme l'accusation de « vœu pieux ». En effet la philosophie morale ne peut ni ne veut contraindre personne. Elle énonce donc sans user de la force. Elle indique mais chacun fait ce qu'il veut. Si la force intervenait, la morale perdrait tout sens.

Double paradoxe, apparemment terrible : ou la philosophie ne sert à rien puisque chaque personne peut avoir spontanément un comportement moral sans l'aide de la philosophie ; ou la philosophie ne dispose d'aucun moyen de coercition efficace ni en droit ni en fait à l'encontre de ceux qui agissent mal. Dans les deux cas, encore faudrait-il que la philosophie fût lue ou diffusée.

Ce double paradoxe pourrait faire penser que le philosophe est au mieux un sociologue qui enregistre l'évolution des comportements, au pire un doux rêveur qui couche sur papier de beaux idéaux pour des lendemains qui chantent.

Je pense qu'il existe une forme de foi philosophique. Elle permet de vivre ces paradoxes tout en se réjouissant des menaces qu'ils font subir à la philosophie. La foi philosophique est une confiance en la philosophie. Quand on pose la question : d'où vient cette vogue de la philosophie ? Nous sommes plusieurs à faire des réponses analogues : l'étonnement que procure la philosophie, c'est sa persistance dans l'histoire, ce n'est pas la mode du jour. Une forme de pensée aussi curieuse qui naît en Grèce, cinq siècles avant notre ère, demeure toujours aussi vivace. Il doit bien y avoir des raisons, mais de la mode nous n'avons cure. « Ce n'est pas le sujet », comme on dit aujourd'hui.

La philosophie morale connaît un sort différent d'autres aspects de la philosophie qui sont, par principe, très élitistes. Tel est par exemple le cas de l'ontologie, théorie de l'Être dont l'enjeu n'est pas par principe « populaire ». A l'inverse, la morale nous concerne tous et ne prend sens que dans la vie effective. C'est toute la force du raisonnement pascalien sur la morale comme sur la religion.

La foi philosophique, cette confiance essentielle, peut se résumer ainsi, dans cette conviction : l'analyse des concepts éclaire la pensée, lui donne du plaisir et ne peut lui faire que du bien. De fait, la pratique efficace mais confuse s'enrichit d'une analyse distincte ; la pratique hésitante se nourrit d'une pensée claire ; la pratique maligne peut rencontrer par hasard une analyse qui la rende consciente d'elle-même. Le philosophe ne joue qu'un rôle marginal, mais c'est son rôle.

Les principes de la morale sont des principes de finesse : « *on les voit à peine, on les sent plutôt qu'on ne les voit, on a des peines infinies à les faire sentir à ceux qui ne les sentent pas d'eux-mêmes* » (Pascal). Telle est, me semble-t-il, la mission de la philosophie morale.

J'irai plus loin : je suis ravi que le cordonnier de Goldman rende heureux, comme le professeur ou le saxophoniste. Leur responsabilité n'est pas moindre que la mienne. Or qu'est-ce précisément que cette responsabilité du philosophe, puisque je ne saurais échapper à mes propres analyses ?

Responsabilité du philosophe

J'ai déjà mentionné, en commençant, les devoirs justifiés que lui impose Platon et la façon dons nous devions les adapter au monde contemporain.

Philosophe ou professeur de philosophie ? C'est une question que posent les journalistes dès que vous rédigez un article. Je suis fier d'être professeur de philosophie. Depuis vingt-trois ans, je me suis arrêté une année. Mes élèves m'ont manqué. La réflexion à haute voix devant leurs corps armés de stylos m'a manqué. J'ai toujours l'impression que l'enseignement m'entretient, me contraint à relire, me force à n'être pas pris dans le maelström du monde agité.

Je n'ai jamais eu l'impression de faire autre chose en travaillant ou en participant à des émissions de philosophie. L'enseignement est un travail de transformation. Les concours valident des compétences académiques, mais le lauréat qui se retrouve devant une classe doit effectuer un véritable travail de transformation. Je ne vois aucune différence à la télévision. Le public peut être plus large, les contraintes différentes, mais j'apprécie cet exercice qui consiste à essayer de s'adapter à des temps, à des lieux et à des formats.

La question de l'exemple

Je ne crois pas du tout que, pour le philosophe, la responsabilité réside d'abord dans l'exemplarité. Cet argument s'entend souvent : la morale commence par des exemples. Quand on entame un livre sur la morale, on avoue en général cette limite : seul l'exemple compte, cet écrit sera moins efficace.

Il faut critiquer la vertu de l'exemple de deux façons. D'abord, le philosophe qui traite de la morale, comme je le fais ici, n'est en rien un exemple et ne peut prétendre l'être. Ce serait haute présomption que de ne se donner droit à la parole que dans la conviction d'une perfection subjective. Penser la morale ne rend pas immédiatement moral. Ce serait trop beau et trop élitiste. On pourra toujours m'objecter telle ou telle de mes conduites, je n'en croirai pas moins vrai ce que j'écris. Écrire sur la vertu ne rend pas vertueux : cela fait tout juste prendre conscience de sa propre imperfection.

Ensuite, Kant nous conseille de nous méfier des exemples : ils sont trop empiriques et donc tout à fait aléatoires. L'exemple ne saurait jamais être qu'une simple illustration qui montre que l'action morale est possible. Kant disait se méfier du « Saint de l'Évangile » : le Christ, lui-même, n'agit moralement qu'en référence à des principes qui permettent de valider ses actes. Méfions-nous des exemples qui sont donnés en exemple. Ils sont les voies ouvertes à tous les cultes de la personnalité, à tous les gourous, à tous les guides suprêmes. Il ne suffit donc pas, dans l'éducation, d'être un exemple vivant ; il n'est même pas bon de se donner en exemple. Laissons les autres juger en fonction des critères d'évaluation qui sont extérieurs à l'exemple lui-même. « *Les exemples qu'on prend pour prouver d'autres choses, si on voulait prouver les exemples on prendrait les autres choses pour en être les exemples* » (Pascal).

Il est vrai que l'exemple inspire la confiance, l'admiration et l'estime. Mais le philosophe ne peut se considérer comme meilleur que les autres. Comme professionnel, il manie les concepts et choisit ses champs d'intervention. Il veut répondre devant les autres de ce qu'il dit et de ce qu'il écrit, dans une classe ou un amphi, dans un journal ou un média. Tel est le rôle des discussions, débats et dialogues. Comme pour tout homme cette responsabilité est en même temps constitutive de l'activité, mais elle varie suivant les lieux. Dans certains cas, il faut mener au bac et y préparer le plus efficacement possible. Dans d'autres, il faut seulement solliciter les consciences. Ce n'est pas si mal d'y parvenir quand on y parvient.

Comme philosophe, comme professeur de philosophie, comme père et comme citoyen, je suis donc convaincu que le principe de responsabilité exprime notre époque. Il satisfait à la fois notre désir d'une morale inventive, notre goût pour l'innovation, notre sens du devoir, notre obligation d'improviser sans cesse, et surtout la réciprocité de notre relation avec l'autre. Car le principe de responsabilité est aussi exigence de responsabilité : je demande à autrui de répondre comme je veux répondre. J'attends de lui cette capacité et cette relation. Cette attente engendre de multiples dénonciations de la non-responsabilité. Il faut nous méfier de cette tendance qui nous ferait retomber dans les affres d'une morale hargneuse ou dans les perversions d'un juridisme croissant. Quand *la vraie morale se moque de la morale*, elle évite d'être une arme contre autrui pour rester toujours un geste pour autrui.

Épilogue

Le repas est fini, les convives se lèvent et ils remercient. Par principe. Quelques adjectifs, toujours les mêmes, sont prononcés : excellent, très fin, très réussi, très sympathique… Reste maintenant la digestion. Comme on dit dans le Nord, les bonnes choses, ça ne peut pas faire de mal. Mais reste encore la principale digestion, celle du goût. Les bons repas doivent être cumulatifs. On doit y avoir progressé pour mieux juger et savourer par la suite.

On n'apprend pas la cuisine dans les livres. Mais on y progresse toujours par la connaissance. C'est particulièrement vrai du vin. Les dégustations sont insuffisantes. On ne reste jamais dans le pur empirisme. Il faut de la mémoire. Des catégories se construisent qui permettent d'appréhender le sensible. Avec un peu d'expérience, on ne déguste jamais à l'aveugle… Je cherche, je recherche la qualité, ce qui fait qu'un vin est ce qu'il est. La méthode aveugle produit les plus grosses erreurs : je ne peux goûter un latour comme un musigny. Ce serait faire du goût une pure passivité. Je veux rechercher des arômes, des fruits, du boisé, une rondeur, une légèreté. Je regarde l'étiquette, j'en aime le gréement singulier, j'essaie de m'en souvenir. La connaissance est une reconnaissance. Elle commence par l'expérience mais n'en dérive pas tout entière. Alors seulement, je peux évaluer cette bouteille-ci : « Pour un pauillac, il est un peu tannique. Pour un 1985, il est déjà bien ouvert, etc. »

La cuisine, comme le vin, passe par une connaissance, plus exactement par une éducation. Plus celle-ci s'accroît, plus je peux « apprécier » à sa juste valeur. Pourtant, le cordonnier, le simple professeur et le petit bonhomme en redemandent. Tant mieux. Chacun peut aussi agir moralement sans avoir lu un philosophe. Tant mieux.

Table

RÉALISATION : IGS-CHARENTE PHOTOGRAVURE À L'ISLE-D'ESPAGNAC
REPRODUIT ET ACHEVÉ D'IMPRIMER SUR ROTO-PAGE
PAR L'IMPRIMERIE FLOCH À MAYENNE
DÉPÔT LÉGAL : AVRIL 1999. N° 37134 (45838)

Collection Points

DERNIERS TITRES PARUS

SÉRIE ESSAIS

131. Onze Études sur la poésie moderne
par Jean-Pierre Richard
132. L'Enfant arriéré et sa mère, *par Maud Mannoni*
133. La Prairie perdue (Le Roman américain)
par Jacques Cabau
134. Le Je-ne-sais-quoi et le Presque-rien
2. La méconnaissance, *par Vladimir Jankélévitch*
135. Le Plaisir du texte, *par Roland Barthes*
136. La Nouvelle Communication, *ouvrage collectif*
137. Le Vif du sujet, *par Edgar Morin*
138. Théories du langage, Théories de l'apprentissage
par le Centre Royaumont
139. Baudelaire, la Femme et Dieu, *par Pierre Emmanuel*
140. Autisme et Psychose de l'enfant, *par Frances Tustin*
141. Le Harem et les Cousins, *par Germaine Tillion*
142. Littérature et Réalité, *ouvrage collectif*
143. La Rumeur d'Orléans, *par Edgar Morin*
144. Partage des femmes, *par Eugénie Lemoine-Luccioni*
145. L'Évangile au risque de la psychanalyse, tome 2
par Françoise Dolto
146. Rhétorique générale, *par le Groupe μ*
147. Système de la mode, *par Roland Barthes*
148. Démasquer le réel, *par Serge Leclaire*
149. Le Juif imaginaire, *par Alain Finkielkraut*
150. Travail de Flaubert, *ouvrage collectif*
151. Journal de Californie, *par Edgar Morin*
152. Pouvoirs de l'horreur, *par Julia Kristeva*
153. Introduction à la philosophie de l'histoire de Hegel
par Jean Hyppolite
154. La Foi au risque de la psychanalyse
par Françoise Dolto et Gérard Sévérin
155. Un lieu pour vivre, *par Maud Mannoni*
156. Scandale de la vérité, suivi de Nous autres Français
par Georges Bernanos
157. Enquête sur les idées contemporaines
par Jean-Marie Domenach
158. L'Affaire Jésus, *par Henri Guillemin*
159. Paroles d'étranger, *par Élie Wiesel*
160. Le Langage silencieux, *par Edward T. Hall*
161. La Rive gauche, *par Herbert R. Lottman*
162. La Réalité de la réalité, *par Paul Watzlawick*
163. Les Chemins de la vie, *par Joël de Rosnay*
164. Dandies, *par Roger Kempf*
165. Histoire personnelle de la France, *par François George*
166. La Puissance et la Fragilité, *par Jean Hamburger*
167. Le Traité du sablier, *par Ernst Jünger*
168. Pensée de Rousseau, *ouvrage collectif*
169. La Violence du calme, *par Viviane Forrester*
170. Pour sortir du XXe siècle, *par Edgar Morin*

171. La Communication, Hermès I, *par Michel Serres*
172. Sexualités occidentales, Communications 35
ouvrage collectif
173. Lettre aux Anglais, *par Georges Bernanos*
174. La Révolution du langage poétique, *par Julia Kristeva*
175. La Méthode
2. La vie de la vie, *par Edgar Morin*
176. Théories du symbole, *par Tzvetan Todorov*
177. Mémoires d'un névropathe, *par Daniel Paul Schreber*
178. Les Indes, *par Édouard Glissant*
179. Clefs pour l'Imaginaire ou l'Autre Scène
par Octave Mannoni
180. La Sociologie des organisations, *par Philippe Bernoux*
181. Théorie des genres, *ouvrage collectif*
182. Le Je-ne-sais-quoi et le Presque-rien
3. La volonté de vouloir, *par Vladimir Jankélévitch*
183. Le Traité du rebelle, *par Ernst Jünger*
184. Un homme en trop, *par Claude Lefort*
185. Théâtres, *par Bernard Dort*
186. Le Langage du changement, *par Paul Watzlawick*
187. Lettre ouverte à Freud, *par Lou Andreas-Salomé*
188. La Notion de littérature, *par Tzvetan Todorov*
189. Choix de poèmes, *par Jean-Claude Renard*
190. Le Langage et son double, *par Julien Green*
191. Au-delà de la culture, *par Edward T. Hall*
192. Au jeu du désir, *par Françoise Dolto*
193. Le Cerveau planétaire, *par Joël de Rosnay*
194. Suite anglaise, *par Julien Green*
195. Michelet, *par Roland Barthes*
196. Hugo, *par Henri Guillemin*
197. Zola, *par Marc Bernard*
198. Apollinaire, *par Pascal Pia*
199. Paris, *par Julien Green*
200. Voltaire, *par René Pomeau*
201. Montesquieu, *par Jean Starobinski*
202. Anthologie de la peur, *par Éric Jourdan*
203. Le Paradoxe de la morale, *par Vladimir Jankélévitch*
204. Saint-Exupéry, *par Luc Estang*
205. Leçon, *par Roland Barthes*
206. François Mauriac
1. Le sondeur d'abîmes (1885-1933), *par Jean Lacouture*
207. François Mauriac
2. Un citoyen du siècle (1933-1970), *par Jean Lacouture*
208. Proust et le Monde sensible, *par Jean-Pierre Richard*
209. Nus, Féroces et Anthropophages, *par Hans Staden*
210. Œuvre poétique, *par Léopold Sédar Senghor*
211. Les Sociologies contemporaines, *par Pierre Ansart*
212. Le Nouveau Roman, *par Jean Ricardou*
213. Le Monde d'Ulysse, *par Moses I. Finley*

214. Les Enfants d'Athéna, *par Nicole Loraux*
215. La Grèce ancienne, tome 1
par Jean-Pierre Vernant et Pierre Vidal-Naquet
216. Rhétorique de la poésie, *par le Groupe μ*
217. Le Séminaire. Livre XI, *par Jacques Lacan*
218. Don Juan ou Pavlov
par Claude Bonnange et Chantal Thomas
219. L'Aventure sémiologique, *par Roland Barthes*
220. Séminaire de psychanalyse d'enfants, tome 1
par Françoise Dolto
221. Séminaire de psychanalyse d'enfants, tome 2
par Françoise Dolto
222. Séminaire de psychanalyse d'enfants
tome 3, Inconscient et destins, *par Françoise Dolto*
223. État modeste, État moderne, *par Michel Crozier*
224. Vide et Plein, *par François Cheng*
225. Le Père : acte de naissance, *par Bernard This*
226. La Conquête de l'Amérique, *par Tzvetan Todorov*
227. Temps et Récit, tome 1, *par Paul Ricœur*
228. Temps et Récit, tome 2, *par Paul Ricœur*
229. Temps et Récit, tome 3, *par Paul Ricœur*
230. Essais sur l'individualisme, *par Louis Dumont*
231. Histoire de l'architecture et de l'urbanisme modernes
1. Idéologies et pionniers (1800-1910)
par Michel Ragon
232. Histoire de l'architecture et de l'urbanisme modernes
2. Naissance de la cité moderne (1900-1940)
par Michel Ragon
233. Histoire de l'architecture et de l'urbanisme modernes
3. De Brasilia au post-modernisme (1940-1991)
par Michel Ragon
234. La Grèce ancienne, tome 2
par Jean-Pierre Vernant et Pierre Vidal-Naquet
235. Quand dire, c'est faire, *par J. L. Austin*
236. La Méthode
3. La Connaissance de la Connaissance, *par Edgar Morin*
237. Pour comprendre Hamlet, *par John Dover Wilson*
238. Une place pour le père, *par Aldo Naouri*
239. L'Obvie et l'Obtus, *par Roland Barthes*
240. Mythe et Société en Grèce ancienne
par Jean-Pierre Vernant
241. L'Idéologie, *par Raymond Boudon*
242. L'Art de se persuader, *par Raymond Boudon*
243. La Crise de l'État-providence, *par Pierre Rosanvallon*
244. L'État, *par Georges Burdeau*
245. L'Homme qui prenait sa femme pour un chapeau
par Oliver Sacks
246. Les Grecs ont-ils cru à leurs mythes ?, *par Paul Veyne*
247. La Danse de la vie, *par Edward T.Hall*

248. L'Acteur et le Système
par Michel Crozier et Erhard Friedberg
249. Esthétique et Poétique, collectif
250. Nous et les Autres, *par Tzvetan Todorov*
251. L'Image inconsciente du corps, *par Françoise Dolto*
252. Van Gogh ou l'Enterrement dans les blés
par Viviane Forrester
253. George Sand ou le Scandale de la liberté, *par Joseph Barry*
254. Critique de la communication, *par Lucien Sfez*
255. Les Partis politiques, *par Maurice Duverger*
256. La Grèce ancienne, tome 3
par Jean-Pierre Vernant et Pierre Vidal-Naquet
257. Palimpsestes, *par Gérard Genette*
258. Le Bruissement de la langue, *par Roland Barthes*
259. Relations internationales
1.Questions régionales, *par Philippe Moreau Defarges*
260. Relations internationales
2.Questions mondiales, *par Philippe Moreau Defarges*
261. Voici le temps du monde fini, *par Albert Jacquard*
262. Les Anciens Grecs, *par Moses I.Finley*
263. L'Éveil, *par Oliver Sacks*
264. La Vie politique en France, *ouvrage collectif*
265. La Dissémination, *par Jacques Derrida*
266. Un enfant psychotique, *par Anny Cordié*
267. La Culture au pluriel, *par Michel de Certeau*
268. La Logique de l'honneur, *par Philippe d'Iribarne*
269. Bloc-notes, tome 1 (1952-1957), *par François Mauriac*
270. Bloc-notes, tome 2 (1958-1960), *par François Mauriac*
271. Bloc-notes, tome 3 (1961-1964), *par François Mauriac*
272. Bloc-notes, tome 4 (1965-1967), *par François Mauriac*
273. Bloc-notes, tome 5 (1968-1970), *par François Mauriac*
274. Face au racisme
1. Les moyens d'agir
sous la direction de Pierre-André Taguieff
275. Face au racisme
2. Analyses, hypothèses, perspectives
sous la direction de Pierre-André Taguieff
276. Sociologie, *par Edgar Morin*
277. Les Sommets de l'État, *par Pierre Birnbaum*
278. Lire aux éclats, *par Marc-Alain Ouaknin*
279. L'Entreprise à l'écoute, *par Michel Crozier*
280. Nouveau Code pénal
présentation et notes de Me Henri Leclerc
281. La Prise de parole, *par Michel de Certeau*
282. Mahomet, *par Maxime Rodinson*
283. Autocritique, *par Edgar Morin*
284. Être chrétien, *par Hans Küng*
285. A quoi rêvent les années 90 ?, *par Pascale Weil*
286. La Laïcité française, *par Jean Boussinesq*

287. L'Invention du social, *par Jacques Donzelot*
288. L'Union européenne, *par Pascal Fontaine*
289. La Société contre nature, *par Serge Moscovici*
290. Les Régimes politiques occidentaux
par Jean-Louis Quermonne
291. Éducation impossible, *par Maud Mannoni*
292. Introduction à la géopolitique, *par Philippe Moreau Defarges*
293. Les Grandes Crises internationales et le Droit
par Gilbert Guillaume
294. Les Langues du Paradis, *par Maurice Olender*
295. Face à l'extrême, *par Tzvetan Todorov*
296. Écrits logiques et philosophiques, *par Gottlob Frege*
297. Recherches rhétoriques, Communications 16
ouvrage collectif
298. De l'interprétation, *par Paul Ricœur*
299. De la parole comme d'une molécule, *par Boris Cyrulnik*
300. Introduction à une science du langage
par Jean-Claude Milner
301. Les Juifs, la Mémoire et le Présent, *par Pierre Vidal-Naquet*
302. Les Assassins de la mémoire, *par Pierre Vidal-Naquet*
303. La Méthode
4. Les idées, *par Edgar Morin*
304. Pour lire Jacques Lacan, *par Philippe Julien*
305. Événements I
Psychopathologie du quotidien, *par Daniel Sibony*
306. Événements II
Psychopathologie du quotidien, *par Daniel Sibony*
307. Les Origines du totalitarisme
Le système totalitaire, *par Hannah Arendt*
308. La Sociologie des entreprises, *par Philippe Bernoux*
309. Vers une écologie de l'esprit 1.
par Gregory Bateson
310. Les Démocraties, *par Olivier Duhamel*
311. Histoire constitutionnelle de la France, *par Olivier Duhamel*
312. Le Pouvoir politique en France, *par Olivier Duhamel*
313. Que veut une femme ?, *par Serge André*
314. Histoire de la révolution russe
1.Février, *par Léon Trotsky*
315. Histoire de la révolution russe
2.Octobre, *par Léon Trotsky*
316. La Société bloquée, *par Michel Crozier*
317. Le Corps, *par Michel Bernard*
318. Introduction à l'étude de la parenté
par Christian Ghasarian
319. La Constitution, introduction et commentaires
par Guy Carcassonne
320. Introduction à la politique
par Dominique Chagnollaud
321. L'Invention de l'Europe, *par Emmanuel Todd*

322. La Naissance de l'histoire (tome 1), *par François Châtelet*
323. La Naissance de l'histoire (tome 2), *par François Châtelet*
324. L'Art de bâtir les villes, *par Camillo Sitte*
325. L'Invention de la réalité
sous la direction de Paul Watzlawick
326. Le Pacte autobiographique, *par Philippe Lejeune*
327. L'Imprescriptible, *par Vladimir Jankélévitch*
328. Libertés et Droits fondamentaux
sous la direction de Mireille Delmas-Marty
et Claude Lucas de Leyssac
329. Penser au Moyen Age, *par Alain de Libera*
330. Soi-Même comme un autre, *par Paul Ricœur*
331. Raisons pratiques, *par Pierre Bourdieu*
332. L'Écriture poétique chinoise, *par François Cheng*
333. Machiavel et la Fragilité du politique
par Paul Valadier
334. Code de déontologie médicale, *par Louis René*
335. Lumière, Commencement, Liberté
par Robert Misrahi
336. Les Miettes philosophiques, *par Søren Kierkegaard*
337. Des yeux pour entendre, *par Oliver Sacks*
338. De la liberté du chrétien et Préfaces à la Bible
par Martin Luther (bilingue)
339. L'Être et l'Essence
par Thomas d'Aquin et Dietrich de Freiberg (bilingue)
340. Les Deux États, *par Bertrand Badie*
341. Le Pouvoir et la Règle, *par Erhard Friedberg*
342. Introduction élémentaire au droit, *par Jean-Pierre Hue*
343. Science politique
1.La Démocratie, *par Philippe Braud*
344. Science politique
2.L'État, *par Philippe Braud*
345. Le Destin des immigrés, *par Emmanuel Todd*
346. La Psychologie sociale, *par Gustave-Nicolas Fischer*
347. La Métaphore vive, *par Paul Ricœur*
348. Les Trois Monothéismes, *par Daniel Sibony*
349. Éloge du quotidien. Essai sur la peinture
hollandaise du XVIIe siècle, *par Tzvetan Todorov*
350. Le Temps du désir. Essai sur le corps et la parole
par Denis Vasse
351. La Recherche de la langue parfaite dans la culture européenne
par Umberto Eco
352. Esquisses pyrrhoniennes, *par Pierre Pellegrin*
353. De l'ontologie, *par Jeremy Bentham*
354. Théorie de la justice, *par John Rawls*
355. De la naissance des dieux à la naissance du Christ
par Eugen Drewermann
356. L'Impérialisme, *par Hannah Arendt*
357. Entre-Deux, *par Daniel Sibony*

358. Paul Ricœur, *par Olivier Mongin*
359. La Nouvelle Question sociale, *par Pierre Rosanvallon*
360. Sur l'antisémitisme, *par Hannah Arendt*
361. La Crise de l'intelligence, *par Michel Crozier*
362. L'Urbanisme face aux villes anciennes
par Gustavo Giovannoni
363. Le Pardon, collectif dirigé *par Olivier Abel*
364. La Tolérance, collectif dirigé *par Claude Sahel*
365. Introduction à la sociologie politique
par Jean Baudouin
366. Séminaire, livre I : les écrits techniques de Freud
par Jacques Lacan
367. Identité et Différence, *par John Locke*
368. Sur la nature ou sur l'étant,
la langue de l'être ?, *par Parménide*
369. Les Carrefours du labyrinthe, I, *par Cornelius Castoriadis*
370. Les Règles de l'art, *par Pierre Bourdieu*
371. La Pragmatique aujourd'hui,
une nouvelle science de la communication
par Anne Reboul et Jacques Moeschler
372. La Poétique de Dostoïevski, *par Mikhaïl Bakhtine*
373. L'Amérique latine, *par Alain Rouquié*
374. La Fidélité, collectif dirigé *par Cécile Wajsbrot*
375. Le Courage, collectif dirigé *par Pierre Michel Klein*
376. Le Nouvel Age des inégalités
par Jean-Paul Fitoussi et Pierre Rosanvallon
377. Du texte à l'action, essais d'herméneutique II
par Paul Ricœur
378. Madame du Deffand et son monde
par Benedetta Craveri
379. Rompre les charmes, *par Serge Leclaire*
380. Éthique, *par Spinoza*
381. Introduction à une politique de l'homme,
par Edgar Morin
382. Lectures 1. Autour du politique
par Paul Ricœur
383. L'Institution imaginaire de la société
par Cornelius Castoriadis
384. Essai d'autocritique et autres préfaces, *par Nietzsche*
385. Le Capitalisme utopique, *par Pierre Rosanvallon*
386. Mimologiques, *par Gérard Genette*
387. La Jouissance de l'hystérique, *par Lucien Israël*
388. L'Histoire d'Homère à Augustin
préfaces et textes d'historiens antiques
réunis et commentés *par François Hartog*
389. Études sur le romantisme, *par Jean-Pierre Richard*
390. Le Respect, collectif dirigé *par Catherine Audard*
391. La Justice, collectif dirigé *par William Baranès*
et Marie-Anne Frison Roche